Die Gleichnisse

Wie Jesus von Gott erzählt

BRUNNEN

VERLAG GIESSEN · BASEL

Abdruck der Texte auf S. 17 und 27 mit freundlicher Genehmigung
des Quell-Verlags, Stuttgart, aus: Helmut Thielicke, Das Bilderbuch Gottes,
Reden über die Gleichnisse Jesu. Stuttgart, 7. Auflage 1995.

Bibeltexte sind entnommen aus der Übersetzung „Hoffnung für alle"
© 1991/1996 International Bible Society
Übersetzung: Brunnen Verlag Basel und Gießen
Alle Rechte vorbehalten

Titel der amerikanischen Originalausgabe:
Parables. Reliving the Stories of Jesus
© 1995 Serendipity House, Littleton, Colorado
Alle Rechte vorbehalten

Übersetzung aus dem Amerikanischen: Frank Grundmüller
Redaktion: Renate Hübsch

2. Auflage 1998

© 1997 Brunnen Verlag Gießen
Umschlagmotiv: Corel Photo Lib., Rüsselsheim
Umschlaggestaltung: Ralf Simon
Satz: DTP Brunnen Verlag
Herstellung: St.-Johannis-Duckerei, Lahr
ISBN 3-7655-0781-4

Inhalt

Verzeichnis der Abkürzungen

Altes Testament

1Mo	1. Buch Mose
2Mo	2. Buch Mose
3Mo	3. Buch Mose
4Mo	4. Buch Mose
5Mo	5. Buch Mose
1Sam	Erstes Buch Samuel
Est	Das Buch Ester
Ps	Psalmen
Spr	Sprüche Salomos
Jes	Der Prophet Jesaja
Jer	Der Prophet Jeremia

Neues Testament

Mt	Matthäusevangelium
Mk	Markusevangelium
Lk	Lukasevangelium
Joh	Johannesevangelium
Röm	Römerbrief

1Kor	1. Korintherbrief
2Kor	2. Korintherbrief
Gal	Galaterbrief
Eph	Epheserbrief
Phil	Philipperbrief
Kol	Kolosserbrief
1Thes	1. Thessalonicherbrief
2Thes	2. Thessalonicherbrief
1Tim	1. Timotheusbrief
2Tim	2. Timotheusbrief
Tit	Titusbrief
Phlm	Philemonbrief
1Petr	1. Petrusbrief
2Petr	2. Petrusbrief
1Joh	1. Johannesbrief
2Joh	2. Johannesbrief
3Joh	3. Johannesbrief
Hebr	Hebräerbrief
Jak	Jakobusbrief
Jud	Judasbrief
Offb	Offenbarung des Johannes

Fragen zu diesem Kurs

ZIELSETZUNG

1. Worum geht es in diesem Kurs? Um drei Ziele, die gleichermaßen wichtig sind.

a. Nahrung – „Der Mensch lebt nicht vom Brot allein." Nur wer Gottes Wort in sich aufnimmt, kann als Christ wachsen.

b. Unterstützung – Die Teilnehmer werden sich besser kennenlernen und durch das Gespräch über biblische Texte zu einer tragfähigen Gemeinschaft zusammenwachsen.

c. Wachstum – Dieser Kurs wendet sich auch an Menschen, die bisher mit der Bibel wenig in Berührung gekommen sind. Die Teilnehmerzahl soll anwachsen, bis eine Teilung nötig wird. Beide neuen Kreise sollen wieder wachsen bis sie zu groß sind und sich teilen – und so weiter.

TEILNEHMER

2. Für wen soll dieser Gesprächskreis sein?

• Für Menschen, denen Kirche und Glauben fremd geworden sind, die aber nach einem neuen Zugang zum Glauben suchen.

• Für Menschen, die mit Schwierigkeiten zu kämpfen haben und eine Gruppe suchen, die Unterstützung und Zusammenhalt bieten kann.

• Für Menschen, die von einer Kirche oder deren Gliedern enttäuscht worden sind und dennoch ihren Glauben nicht aufgeben wollen.

• Für Menschen, die angesichts vieler Unsicherheiten nach einer tragfähigen Hoffnung suchen.

• Für Menschen, die Ihnen beim Lesen dieser Aufzählung in den Sinn kommen.

DER ERSTE SCHRITT

3. Wie sollen wir anfangen? Machen Sie sich eine Liste mit den Namen, die Ihnen jetzt als mögliche Teilnehmer einfallen. Suchen Sie sich einen Platz, an dem Sie die Liste täglich vor Augen haben. Lassen Sie sie dort, bis Sie alle, die Sie auf Ihrer Liste notiert haben, gefragt haben, ob sie Interesse an einem solchen Gesprächskreis haben.

DAS ERSTE TREFFEN	**4. Was geschieht beim ersten Treffen?** Sie treffen eine Entscheidung über eine freiwillige Abmachung. Sie faßt Ihre Erwartungen und „Spielregeln" für die Gruppe zusammen.
SPIELREGELN	**5. Wie entsteht die Abmachung?** Sprechen Sie über die nachfolgenden Fragen und notieren Sie die Punkte, bei denen Sie Einigung erzielen. So können Sie am Ende des Kurses gut beurteilen, ob Sie Ihre Ziele erreicht haben.

● Was ist der Zweck Ihrer Treffen?

● Wie oft wollen Sie sich treffen? (Dieser Kurs bietet Ihnen Gesprächsanregungen für 13 Treffen. Wenn Sie danach weiterhin zusammenkommen wollen, verlängern Sie einfach Ihre Abmachung.)

● Wo wollen Sie sich treffen?

● Um welche Uhrzeit sollen die Treffen beginnen und wie lange sollen sie dauern?

● Möchten Sie Getränke und etwas zum Knabbern bereitstellen? Wer ist dafür zuständig?

ZEITLICHER RAHMEN	**6. Wie lange dauert ein Treffen?** Die Mindestzeitangaben für die einzelnen Bausteine des Treffens sind für Gruppen gedacht, die nur eine Stunde zusammensein können. Wenn Sie mehr Zeit zur Verfügung haben, verlängern Sie die angegebenen Zeiten einfach entsprechend.
STARTPHASE	**7. Warum beginnt der Kreis mit nur 13 Wochen Dauer?** Weil es leichter ist, sich für einen überschaubaren Zeitraum für eine Sache zu entscheiden und sie wirklich durchzuhalten, als eine Verpflichtung auf unbestimmte Zeit einzugehen. Wenn Sie den Kurs anschließend verlängern wollen – um so besser.
GESPRÄCHS- INHALT	**8. Was wird bei den Treffen besprochen?** Auf der Seite 3 finden Sie eine Übersicht über die Texte und Themen.
BIBELKENNTNIS	**9. Und wenn jemand in der Gruppe wenig von der Bibel weiß?** Prima! Dafür ist die Gruppe ja da. Die ERLÄUTERUNGEN geben Ihnen Hinweise zum Verständnis größerer Zusammenhänge, einzelner Ausdrücke, geschichtlicher Hintergründe oder wichtiger Personen im Text. Greifen Sie immer dann auf die Erläuterungen zurück, wenn der Sinn des Textes sich nicht von selbst erschließt.
„HAUS- AUFGABEN"	**10.Was muß ich sonst noch tun?** Nichts, wenn Sie nicht wollen. Aber Sie können über das hinausgehen, was in der Gruppe besprochen wird. Nicht immer werden Sie alle Erläuterungen gemeinsam in der

Gruppe lesen und diskutieren können. Wenn Sie die Zusatzinformation voll ausschöpfen möchten, haben Sie dafür zwei Möglichkeiten:

a) Lesen Sie Text und Erläuterungen vorbereitend zu Hause. Oder:

b) Vertiefen Sie das Gespräch über einen Text nachbereitend, indem Sie den Text noch einmal im Zusammenhang lesen und sich Zeit nehmen, die Erläuterungen zu studieren.

Wenn Sie sich mit einem längeren Buch der Bibel beschäftigen, wird es nur in Ausschnitten behandelt werden können. Sie könnten dann den Vorschlägen zur Lektüre folgen, um einen größeren Überblick zu erhalten.

DER TRAUM

11. **Der Traum, der dahintersteckt:** Menschen finden sich zusammen, um zu einer tragfähigen Gemeinschaft zu werden, in der jeder eine Heimat findet und in seinen Freuden und Schwierigkeiten angenommen ist. Menschen kommen zusammen, reden über ihr Leben und ihren Glauben und begegnen der Bibel – unabhängig davon, ob sie zu einer Kirche gehören oder nicht.

SERENDIPITY

12. **Was heißt Serendipity?** „Die Gabe, zufällig glückliche Entdeckungen zu machen". Genau darum geht es bei dem Material für Kleingruppen, das vom Arbeitskreis Serendipity herausgegeben wird: Daß Menschen zusammenkommen, ihre Erfahrungen austauschen, der Bibel begegnen und dabei wertvolle Entdeckungen für ihr Leben machen – möglicherweise sogar ganz unvermutet.

Einführung in die Gleichnisse

„Was er ihnen von Gott zu sagen hatte, erklärte er ihnen durch Beispiele" (Mk 4,2).

Jesus war ein Meister im Erzählen. Egal, zu wem er sprach – zu einer großen Volksmenge, im kleinen Kreis mit seinen Jüngern beim Essen oder zu seinen Gegnern, die ihn mit Fangfragen in eine Falle locken wollten – immer wieder erzählte er Geschichten, um etwas zu verdeutlichen.

Jesus benutzte natürlich auch andere Methoden. Er kommentierte Bibelverse, hielt Predigten, provozierte durch spitze Fragen und erörterte wichtige Themen im Gespräch mit Gruppen und einzelnen. Die Geschichten, die er erzählte, hatten aber etwas Einzigartiges. In einfachen Worte brachten sie eine tiefe Wahrheit zum Ausdruck. Es kam vor, daß Menschen von einer solchen Geschichte so betroffen waren, daß sie spontan ihr Leben änderten. Andere gerieten in Zorn oder ärgerten sich, wenn sie erkannten, was eine Gleichnisgeschichte über sie selbst oder über Jesus sagte.

Diese Geschichten – die wir als „Gleichnisse" kennen – haben bis heute nichts von ihrer lebensverändernden Wirkung verloren. Wie damals die ersten Hörer fordern sie bis heute auch uns dazu heraus, unser Verhältnis zu Gott zu überdenken.

Wir wollen uns in diesem Heft mit dreizehn bekannten Gleichnissen Jesu beschäftigen. Dazu ist es hilfreich, zu wissen, was man über die Gleichnisse im allgemeinen sagen kann: über ihre Bedeutung, ihr Ziel und was man berücksichtigen muß, um sie zu verstehen.

Was ist ein Gleichnis?

„Gleichnis" ist die Übersetzung des griechischen Wortes *parabole* (Parabel), wörtlich übersetzt *etwas, das man entlang oder neben etwas hinwirft*. Das Gleichnis stellt also zwei Dinge nebeneinander. In den Evangelien werden oft Dinge oder Handlungen des Alltags benutzt, um Aussagen über das Reich Gottes zu verdeutlichen. Ein Gleichnis ist aber mehr als ein Beispiel, das man verwendet, um eine Aussage anschaulich zu machen. Ein Beispiel hat nur eine Hilfsfunktion. Es verdeutlicht nur noch einmal, was ohnehin schon in Thesen oder direkter Aussage vorgebracht wurde. Das Gleichnis dagegen ist selbst die eigentliche Botschaft. In bildlicher Sprache vermittelt es eine Erkenntnis über Gott und sein Reich – und fordert eine Reaktion heraus.

Gleichnisse können ganz unterschiedlich aussehen. Der Formenreichtum der neutestamentlichen Gleichnisse reicht vom Einzeiler (*„Die Gesunden brauchen keinen Arzt, sondern die Kranken"*, Mk 2,17) bis zur ausführlichen Erzählung wie im Gleichnis vom barmherzigen Samariter (Lk 10,25-37). Die Gleichnisse sind keine Erfindung Jesu. Auch im Alten Testament und den Schriften der jüdischen Rabbinen vor der Zeit Jesu finden sie sich. Dennoch haben die Gleichnisse Jesu ihren ganz eigenen Charakter und ihre eigene Botschaft.

Die Vielfalt an Gleichnisformen und ihre unterschiedlichen Ziele erschweren eine umfassende Definition. Die folgenden Beschreibungen bieten aber gute Anhaltspunkte.

Ein Gleichnis ist:

● ein bildlicher Ausdruck oder Vergleich aus der normalen Alltagserfahrung oder der Natur, der durch seine Lebendigkeit oder Ungewöhnlichkeit Aufmerksamkeit weckt. Er verwundert und reizt dadurch die Hörer zu eingehendem Nachdenken darüber, was genau ausgesagt wurde.

- eine einprägsame bildhafte Form theologischer Aussagen, die nach Antwort verlangt, weil sie eine Wahrheit über das Reich Gottes offenbart oder darüber, was es heißt, Bürger dieses Reiches zu sein.

Die Absicht der Gleichnisse

Beide Definitionen machen deutlich, welch großen Wert Jesus auf eine Reaktion auf seine Gleichnisse gelegt hat. Gleichnisse sind nicht einfach Geschichten, die (etwa wie die Fabeln Aesops) moralisches Handeln propagieren, um den Hörer zu einem besseren Menschen zu machen. Sie sind auch keine Rätselworte (wie im Zen-Buddhismus), die den Verstand „aus den Angeln heben" wollen, um den Hörer für neue Bewußtseinsebenen zu öffnen. Statt dessen wollen sie, wie die zweite Definition zeigt, dem Hörer etwas über das Reich Gottes offenbaren und ihn zu einer Reaktion auf die Person und den Auftrag Jesu bewegen. Sie beschreiben das Leben unter der Herrschaft Gottes und die Wesensart Jesu. Damit fordern sie die Hörer auf zu einer Entscheidung: Wie wollt ihr euer Leben führen, nachdem ihr Jesus begegnet seid, der die Gesetze des Reiches Gottes verkörpert? Wäre Jesus nur ein jüdischer Handwerker gewesen, der ein moralisches Leben gepredigt hätte, hätte ihn niemand kreuzigen wollen. In den Gleichnissen spricht Jesus aber von einem neuen Lebensprogramm, das allem Bisherigen entgegentritt.

Es wird immer wieder gesagt, daß die Gleichnisse dazu dienten, schwierige Wahrheiten verständlicher zu machen. Bei genauerem Hinsehen sind die Gleichnisse allerdings gar nicht so leicht verständlich. Sie enthalten oftmals eine unerwartete Wende, die die Hörer überraschte und eine althergebrachte Meinung erschüttern sollte:

- Ein Samariter, der von orthodoxen Juden verachtet und als vor Gott unwürdig angesehen wurde, wird plötzlich zum Vorbild, obwohl in der Geschichte auch ein angesehener jüdischer Priester und ein Tempeldiener vorkommen (Lk 10,25-37).

- Ein märchenhaft reicher orientalischer Herrscher, der sonst nur um seinen Besitz und seine Macht besorgt ist, erläßt einem seiner Schatzmeister, der königliches Hab und Gut veruntreut hat, einfach seine Schulden (Mt 18,21-35).

- Jemand feiert ein großes Fest wegen eines einzelnen Schafes, das sich verlaufen hatte und wiedergefunden wurde (Lk 15,1-10).

Jesus wußte, daß alle diese Dinge in den Ohren seiner Hörer keineswegs normal waren. Gerade das Überraschungsmoment machte die Gleichnisse so effektiv. Die Gleichnisse ähneln kleinen Raketen. Sie haben unterschiedlich lange „Zündschnüre", aber früher oder später befördern sie die Hörer auf eine neue Ebene, auf der man mehr über Jesus und sein Reich versteht. Durch das Gleichnis wird das Normale in Frage gestellt, und plötzlich erkennt man überrascht, daß man ja auch einmal etwas ganz anderes denken könnte.

Das Anliegen der Gleichnisse läßt sich folgendermaßen zusammenfassen:

1. Das Interesse Jesu gilt hauptsächlich drei Themen: der Gnade Gottes, den Anforderungen der Nachfolge und den Folgen der Nichtbeachtung dieser Botschaft.

2. Das zentrale Thema, das alle Gleichnisse Jesu durchzieht, ist das Reich Gottes. Es wird beschrieben als sowohl gegenwärtig als auch zukünftig. Es umfaßt persönliche und gesellschaftliche Veränderungen. Es ist die dynamische und kraftvolle Offenbarung Gottes, die darin erfolgt, daß Gott selbst sein Reich aufrichtet, indem Menschen, die Jesus in allen Bereichen ihres Lebens dienen wollen, zu einer neuen Gemeinschaft zusammenfinden.

3. Die Gleichnisse werfen die Frage nach der Identität Jesu auf: Wer ist der, der durch Gleichnisse den Anspruch erheben kann, Sünden zu vergeben, den gesellschaftlich Geächteten den besonderen Segen Gottes zuzusagen und den Richterspruch im Jüngsten Gericht vom Verhältnis zu seiner Person abhängig zu machen?

4. Jesus beansprucht mit seinen Gleichnissen unausgesprochen göttliche Autorität. Er setzt sich oft gleich mit den Autoritätsträgern in seinen Geschichten; und für jüdische Ohren setzte er sich damit an Gottes Stelle. Seine Zuhörer konnten diesen Anspruch entweder akzeptieren und Jesus als Messias verehren, oder sie mußten seine Worte als Gotteslästerung und schlimmste Irrlehre verwerfen. Für eine distanzierte Bewunderung seiner Gedanken ließen seine Gleichnisse aber keinen Raum. Sie machten die Hörer entweder zu Jüngern oder aber zu Gegnern Jesu. Dies ist im Grunde bis heute so geblieben.

Zur Auslegung der Gleichnisse

Lange Zeit hielt man die Gleichnisse für kunstvoll geformte Allegorien, in denen jedes kleinste Detail eine tiefere Bedeutung hat, die entschlüsselt werden muß. In der Tat hat Jesus bei einigen wenigen Gleichnissen auch Details eine Bedeutung beigelegt (vgl. Mt 13,24-30.36-43). Manche Ausleger haben daraufhin Gleichnisse so detailliert ausgelegt, wie es die ursprünglichen Hörer nie hätten verstehen können. Die Gefahr einer solchen Auslegungsmethode liegt darin, daß sie Raum gibt für eine Menge von Spekulationen, mit denen man sich von der ursprünglichen Aussageabsicht Jesu entfernt. Die allegorische Auslegung wurde vor allem von den Reformatoren abgelehnt. Luther, Calvin und andere bemühten sich statt dessen, die Gleichnisse vor dem Hintergrund des gesamten Auftretens Jesu und seiner Sendung zu verstehen. Aber auch ihnen fiel es an einigen Stellen schwer zu verstehen, was Jesus gemeint hatte. Erst im 19. Jahrhundert begannen die Theologen, die Gleichnisse im Licht der sich entwickelnden historischen und kulturellen Forschung über die Zeit Jesu zu verstehen.

Seither hat man in Abwehr der wild wuchernden und zum Teil recht skurrilen allegorischen Auslegungen behauptet, daß Gleichnisse nur einen einzigen Vergleichspunkt besitzen, der irgendwie auf das Reich Gottes zielt. Obwohl dies eine nötige Korrektur war, betonen heute einige Ausleger, daß diese Sicht zu stark eingeschränkt sei. Sie sprechen sich für eine Mehrzahl von Deutungen aus. Nicht in dem Sinne, daß allegorische Phantasieauslegungen entstehen, sondern daß die unterschiedlichen Charaktere und Situationen des Gleichnisses auch mehrere Themen oder theologische Aspekte ansprechen können und nur in ihrem Zusammenspiel die Gesamtaussage des Gleichnisses ergeben. Das Ziel der Gleichnisse ist aber immer, den Hörer zu einer Reaktion zu bewegen.

Bei der Auslegung der Gleichnisse sollten folgende Leitfragen beachtet werden:

1) An wen ist das Gleichnis gerichtet? Spricht Jesus zu den Pharisäern und Schriftgelehrten, zur Volksmenge oder zu seinen Jüngern? Die Bedeutung des Gleichnisses hängt davon ab, wem es gesagt ist. Das Gleichnis vom verlorenen Sohn (Lk 15,11-32) bekommt seine eigentliche Bedeutung erst, wenn man sich vor Augen hält, daß es einer Gruppe von Pharisäern erzählt wurde, denen schon der bloße Gedanke an einen Kontakt mit Sündern großes Unbehagen bereitete. Auf diesem Hintergrund ist die Reaktion des älteren Bruders am Ende der Geschichte entscheidend. Einerseits erzählt das Gleichnis von Gottes überwältigender Gnade dem Sünder gegenüber; andererseits fordert das Gleichnis durch seinen offenen Ausgang die zuhörenden Pharisäer (die dem älteren Bruder ähnlich) heraus.

2) In welchem Textzusammenhang steht das Gleichnis? Der Textzusammenhang, in dem ein Gleichnis erzählt wird, gibt oftmals Hinweise auf seine Deutung. Z.B. bekommt das Gleichnis vom großzügigen Schuldenerlaß (Lk 7,41-42) seinen Sinn, wenn man berücksichtigt, daß es mitten in einem Bericht über die Begegnung Jesu mit einer Prostituierten und einem Pharisäer steht. Durch den Zusammenhang wird klar, daß das Gleichnis ein strenger Tadel für die mangelnde Gottesliebe des Pharisäers ist. Zugleich zwingt es den Hörer, Fragen über die Person und die Autorität Jesu zu stellen. Er stellt sich ja deutlich an die Stelle dessen, der gewaltige Summen von Schulden erläßt.

3) Was wissen wir über den geschichtlichen und kulturellen Hintergrund? Hierbei geht es nicht nur darum, Bräuche und Sitten der damaligen Zeit zu verstehen (wie z.B. Menschen sich zur Zeit Jesu kleideten oder wie man reiste), sondern sich auch mit ihren Wertmaßstäben und Umgangsformen vertraut zu machen. Wir denken uns heute kaum etwas dabei, wenn wir einen älteren Mann rennen sehen. Entweder treibt er gerade Sport, oder er will seinen Bus nicht verpassen. Im Vorderen Orient geht der ältere Mann stets langsam als Ausdruck seiner Würde. Auch dieses Wissen verdeutlicht einen Aspekt des Gleichnisses vom verlorenen Sohn, in dem der Vater seinem Sohn entgegenrennt, um ihn willkommen zu heißen.

4) Welche Symbole und Bilder enthält der Text und was war ihre Bedeutung für die ursprünglichen Hörer? Diese Fragestellung führt tief in die Vorstellungswelt der damaligen Hörer hinein. Wenn wir heute etwas über den Nikolaus hören, dann sind für deutsche Ohren damit ganz bestimmte Assoziationen verbunden. Bei einem Chinesen, der in Peking aufgewachsen ist, lösen dieselben Worte nicht dieselben Gefühle, Bilder oder Gedanken aus, weil der Nikolaus in der chinesischen Kultur keine Rolle spielt. Wir erfassen nicht unmittelbar einen symboli-

schen Gehalt, weil wir in einer kulturell anderen Welt leben. Es erfordert viel Arbeit, sich diese Feinheiten einer Kultur anzueignen.

5) Welche Reaktion sollte das Gleichnis bei den damaligen Hörern auslösen? Wenn wir erkennen, welche Auswirkungen das Gleichnis auf die ersten Hörer haben sollte, wissen wir auch, welchen Effekt es bei uns heute erzielen will. Der Kirchenvater Augustin legte z.B. das Gleichnis vom barmherzigen Samariter dahingehend aus, daß es betonte, wie wichtig es sei, zur Gemeinde Jesu zu gehören, um gerettet zu werden. Aus der Rahmenerzählung des Gleichnisses (Lk 10,25-29.36-37) wird aber klar, daß es darauf abzielt, als Mitmensch zu handeln. So wichtig auch die Gemeinde ist, sie ist an dieser Stelle einfach nicht das Thema Jesu.

6) Um welches theologische Thema geht es? Die Gleichnisse machen Aussagen über Gott und das Handeln der Menschen in Beziehung zu ihm. Wenn das Verständnis der Hörer und die Wirkung der Worte auf sie klar sind, gilt es zu bedenken, welche grundsätzlichen Aussagen über Gott und die Nachfolge Jesu gemacht werden.
So geht etwa das Gleichnis in Lk 17,1-10 davon aus, daß Gott vom Glaubenden offensichtlich erwartet, daß dieser ihm wie ein Diener gehorcht und daß die Erlösung ein Geschenk ist und nie eine verdiente Belohnung für das Handeln des Menschen. Der Mensch, auch wenn er glaubt, hat keinerlei Rechtsansprüche an Gott. Außerdem wird Gott dadurch gedient, daß man Jesu Worten gehorcht.

*

Vielleicht haben Sie angesichts dieser Leitfragen den Eindruck, daß es wohl unmöglich sei, die Gleichnisse überhaupt zu verstehen. Schließlich wissen die wenigsten von uns heute, welche Vorstellungen und welcher

Alltag vor ca. 2000 Jahren die jüdische Land-
bevölkerung geprägt hat. Glücklicherweise
ist dem in zweierlei Hinsicht leicht abzuhel-
fen.
Erstens, indem wir uns *zur gründlichen und
bewußten Lektüre des Textes* verpflichten.
Was wird ausgesagt und besonders betont?
Die Untersuchung des Kontextes und die
Feststellung der Reaktionen der Hörer ist
nicht allzu schwierig, da viele der Gleichnisse in einen größeren Zusammenhang eingebettet sind. Wenn man die Passagen vor und
nach einem Gleichnis liest, erkennt man in
der Regel schnell, wie es in der Situation
wirkte.
Außerdem hilft uns die Übung. Je mehr wir
in der Bibel lesen, um so vertrauter werden
wir mit der Vorstellungswelt der damaligen
Hörer. Wir lesen nicht so schnell unsere eigenen Gedanken in die Texte hinein. Die
Fragen in diesem Heft möchten Sie in diesem
gründlichen Lesen des Textes unterstützen.
Zweitens gibt es eine Fülle von ausgezeich-
neten *Arbeitshilfen,* die in all den oben
genannten Fragen weiterhelfen können.
Bibellexika und Kommentare zu den verschiedenen Büchern der Bibel, Informationen über Leben und Alltag in biblischer Zeit
und auch ganz spezielle Auslegungen zum
Verständnis der Gleichnisse bieten hier vor-
zügliche Hilfen. Auf S. 70 finden Sie nähere
Angaben zu empfehlenswerten Büchern.

Schlußfolgerungen

Die Gleichnisse halten eine Fülle an Er-
kenntnissen über Gott und über uns selbst
bereit. Während wir in unserer Kultur gewohnt sind, unseren Glauben in Bekennt-
nissen oder Thesen auszudrücken, bieten
uns die Gleichnisse Bilder von Gott und seinem Reich. Wie jedes gelungene Kunstwerk
wirken auch die Gleichnisse über ihr erstes
„Publikum" hinaus. Zwar sind die Aussagen
der Gleichnisse über Gott und die Nachfolge
in der Kultur und Zeit Jesu verwurzelt, sie
überschreiten aber zugleich alle kulturellen
Grenzen und tragen das, was sie sagen wollen, wirksamer vor, als bloße Faktenaussa-
gen es könnten. Manche mühsam auswen-
dig gelernte Definition über Gott ist schnell
vergessen, während die Bilder und Geschichten, die uns Gott z.B. als einen Hirten
vorstellen, der lange nach einem verloren-
gegangenen Schaf sucht, im Gedächtnis haf-
ten bleiben. Ausgeklügelte Predigten, die
genau erklären, was es bedeutet, Christ zu
sein, können wir uns nicht lange merken.
Aber daß ein Bürger des Reiches Gottes wie
jemand ist, der beim Pflügen einen ver-
steckten Schatz im Acker entdeckt und alles
verkauft, um den Acker zu erwerben, bleibt
in der Erinnerung. Diskussionen über Fragen
der Endzeit hinterlassen leicht den Eindruck,
daß jeder nur seine Position untermauern
wollte. Aber der Vergleich Jesu, daß das
Reich Gottes wie eine ganz kleine Menge
Sauerteig in einem großen Trog Teig ist, die
schließlich den ganzen Teig beeinflußt, er-
zeugt Hoffnung.
Die Gleichnisse sind Bildworte, die Jesus benutzte, um uns Theologie in einer Weise
nahezubringen, die uns erreicht und beglei-
tet. Das Gleichnis wird gehört, das Bild wird
wahrgenommen und setzt sich fest – oder
setzt uns in Bewegung. Gottes Geist kann –
manchmal erst nach langer Zeit – die tiefere
Bedeutung der Gesagten verdeutlichen.

„Wer Ohren hat zu hören, der höre!"
Mk 4,8

Wie verläuft ein Treffen?

Jedes Treffen besteht aus drei Teilen:

 **1. Einstieg** (15 – 20 Minuten)

Der Einstieg bietet Hilfen an, um sich untereinander kennenzulernen und ins Gespräch zu kommen. Er ist ein wichtiger Pfeiler der Beziehungsbrücke, über die Gemeinschaft entsteht.

 **2. Gespräch über die Bibel** (30 – 40 Minuten)

Lesen Sie den Bibeltext zunächst gemeinsam. Die Fragen zu Teil 2 geben Ihnen einen Leitfaden für Ihr Gespräch. Greifen Sie immer dann auf die Erläuterungen zurück, wenn der Sinn des Textes sich nicht von selbst erschließt.

Sie werden vielleicht nicht alle Fragen in der zur Verfügung stehenden Zeit ansprechen können. Wählen Sie dann einfach die aus, die Ihrer Gruppe am wichtigsten erscheinen.

Zu manchen Fragen möchten Sie sich vielleicht nicht in der Gruppe äußern. Geben Sie aber Ihre Antwort für sich persönlich. Natürlich hat jeder die Freiheit, nur das mitzuteilen, was er wirklich möchte.

Wenn Ihre Gruppe recht groß ist, können Sie auch überlegen, ob Sie sich für das Bibelgespräch – immer oder hin und wieder – in kleinere Gruppen (etwa zu viert) aufteilen. Das gibt jedem einzelnen die Möglichkeit, häufiger zu Wort zu kommen.

 3. Austausch und Gebet (15 – 40 Minuten)

Hier ist Gelegenheit, den Text noch einmal ganz persönlich auf sich wirken zu lassen und, wenn Sie möchten, persönliche Anliegen anzusprechen. Dieser Austausch und das gemeinsame Gebet füreinander dienen ganz entscheidend dem Zusammenwachsen und dem Aufbau einer tragfähigen Gemeinschaft.

Die Mindestzeitangaben sind für Gruppen gedacht, die nur eine Stunde zur Verfügung haben. Wenn Sie mehr Zeit zur Verfügung haben, verlängern Sie die angegebenen Zeiten einfach entsprechend.

Zum Umgang mit den Erläuterungen

Sie werden nicht jede Erläuterung zu jedem Einzelvers gemeinsam in der Gruppe lesen können. Gelegentlich wird in den Gesprächsimpulsen auf einzelne Erläuterungen Bezug genommen. Wenn Sie die Zusatzinformation der Erläuterungen voll ausschöpfen möchten, haben Sie dafür zwei Möglichkeiten: Lesen Sie Text und Erläuterungen vorbereitend zu Hause oder vertiefen Sie das Gruppengespräch, indem Sie später den Text noch einmal im Zusammenhang lesen und sich Zeit nehmen, die Erläuterungen zu studieren.

1 Das Gebet, das Gott hört

Das Gleichnis vom Pharisäer und Zolleinnehmer (Lk 18,9-14)

⁹Mit einem Gleichnis wollte Jesus die Leute treffen, die sich gerecht vorkamen und hochmütig auf andere herabsahen:
¹⁰„Zwei Männer, ein Pharisäer und ein Zolleinnehmer, gingen in den Tempel, um zu beten.
¹¹Selbstsicher stand der Pharisäer dort und betete: ‚Ich danke dir, Gott, daß ich nicht so bin wie andere Leute. Ich bin kein Räuber, kein Gottloser, kein Ehebrecher und schon gar nicht wie dieser Zolleinnehmer da hinten. ¹²Ich faste zweimal in der Woche, und von allen meinen Einkünften gebe ich den zehnten Teil für Gott.'
¹³Aber der Zolleinnehmer blieb verlegen am Eingang stehen und wagte kaum aufzusehen. Schuldbewußt betete er: ‚Gott! Vergib mir, ich weiß, daß ich ein Sünder bin!'
¹⁴Ihr könnt sicher sein, dieser Mann ging von seiner Schuld befreit nach Hause, nicht aber der Pharisäer. Denn der Stolze wird gedemütigt, und der Demütige wird erhöht werden."

 ### Einstieg (15 – 20 Minuten)

Zur Erinnerung: Sie müssen nicht alle Fragen beantworten. Wählen Sie die aus, die für Ihre Gruppe am interessantesten sind.

● Was hat Sie veranlaßt, zu dieser Bibelgesprächsgruppe zu kommen?

● Was mußte man in Ihrer Teenagerzeit tun, um „in" zu sein und dazuzugehören? Wie nahe kamen Sie diesem Maßstab?

● Gibt es etwas, auf das Sie an sich oder Ihrer Familie so richtig stolz sind?

 ### Impulse für das Gespräch (30 – 40 Minuten)

● Lesen Sie die Erläuterung zu V.10, um die beiden Männer im Gleichnis besser zu verstehen. Was haben sie wohl von sich selbst gehalten? Wie gut kannten sie sich selbst?

● Warum ist der Zöllner derjenige, der in den Augen Gottes richtig liegt, und nicht der Pharisäer?

● Was ist wohl der Grund dafür, daß Menschen lieber mit einem Barkeeper über ihre Probleme reden als mit dem Pastor?

● Entdecken Sie an sich Ähnlichkeiten mit dem Pharisäer im Gleichnis? Auf welche Lebensleistung, religiöse Einstellung oder Tradition sind Sie stolz – Gott gegenüber?

● Haben Sie sich schon einmal wie der Zöllner gefühlt? Können Sie seinen Hilferuf

„Gott, vergib mir, ich weiß, daß ich ein Sünder bin" nachempfinden oder bleibt er Ihnen eher fremd?

• Wenn Sie an Ihre Einstellungen gegenüber anderen denken und an Ihre Argumente dafür, warum Gott Sie akzeptieren sollte – stehen Sie eher auf der Seite des Pharisäers oder auf der des Zolleinnehmers? Wo müßten Sie sich ändern?

 ## Austausch und Gebet
(15 – 30 Minuten)

• Was erwarten Sie von diesem Bibelgesprächskurs? Wie kann diese Gruppe Sie in Ihrem persönlichen Glauben unterstützen?

• Haben Sie als Gruppe schon eine Vereinbarung getroffen (vgl. Seite 6 und S. III im Mittelteil)?

• Wen könnten Sie für das nächste Treffen einladen?

• Wie würde jemand, der dem Pharisäer ähnelt, in Ihrer Gruppe empfangen werden? Wie würde es einem „Zöllner" ergehen?

• Gibt es ein besonderes Anliegen, für das Sie sich die Unterstützung der Gruppe wünschen, auch im Gebet? Jetzt hat jeder Gelegenheit, solche Anliegen zu nennen.

• Beten Sie zum Abschluß miteinander in der Form, in der es für Ihre Gruppe „stimmt".

Erläuterungen

Überblick und Kontext. Das Gleichnis gehört mit dem vorhergehenden Gleichnis (Lk 18,1-8) zusammen. In beiden geht es um das Gebet. Stärker noch gehört es zu den beiden folgenden Szenen (Jesus und die Kinder, V.15-17, und Jesus und die Reiche (V.18-29). In diesen Begegnungen geht es wie im Gleichnis vom Pharisäer und Zöllner darum, daß das Reich Gottes ganz anderen Gruppen von Menschen offensteht, als man herkömmlich dachte (nämlich den Kindern und denen, die nicht am Reichtum hängen). Das Gleichnis (V.9-14) betont die Bedeutung der demütigen Selbsterkenntnis vor Gott und der Umkehr als Voraussetzung dafür, Gott recht zu sein. Die beiden anschließenden Szenen (V.15-17 und 18-30) stellen den kindlich vertrauenden Glauben und die Frage der richtigen Prioritäten in den Mittelpunkt.

18,9. die sich gerecht vorkamen. Das kennzeichnet die Einstellung eines Menschen, der – zu unrecht – annimmt, er könne dem Maßstab Gottes durch seine Lebensführung entsprechen (vgl. Phil 3,3-9; Gal 3,10-14).

18,9. und hochmütig auf andere herabsahen. Wörtl. *mit Verachtung behandeln*. Die Pharisäer betrachteten sich selbst als anderen Juden überlegen, weil diese in ihren Augen unfähig oder unwillig waren, den detaillierten pharisäischen Auslegungen des mosaischen Gesetzes zu entsprechen.

18,10. gingen in den Tempel, um zu beten. Zweimal täglich opferten die Priester im Tempel ein Lamm als Versöhnungsopfer für die Sünden des Volkes. An diesen Zeremonien nahmen auch immer Menschen aus dem Volk teil.

Pharisäer. Die Pharisäer waren eine kleine, aber mächtige religiöse Partei. Ihr Hauptinteresse lag darin, das Gesetz in allen Einzelheiten zu befolgen. Während wir heute gewohnt sind, in den Pharisäern abschreckende Beispiele zu sehen, waren sie in den Augen der ursprünglichen Hörer besonders respektabel, weil sie mit der Hingabe an Gott Ernst machten.

Zöllner. Für die Zuhörer Jesu galt ein Zolleinnehmer als Räuber und Betrüger. Zöllner wurden als Volksverräter betrachtet, weil sie mit der römischen Besatzungsmacht zusammenarbeiteten. Der Zöllner erwarb für einen bestimmten Bezirk das Recht, Zölle und Steuern einzunehmen. Zwar gab es feste Tarife, die der Zollpächter entrichten mußte; aber das System verleitete dazu, darüber hinaus kräfig in die eigene Tasche zu wirtschaften.

18,11. selbstsicher stand er dort. Stehen war die normale Gebetshaltung. Im Unterschied zur Haltung des Zöllners (V.13: *er steht am Eingang*) zeigt der Pharisäer an, daß er dem Allerheiligsten (der Gegenwart Gottes) möglichst nahe sein wollte und dazu auch das Recht habe.

Ich danke dir, Gott. Für uns scheint es unvorstellbar, öffentlich so zu beten. Aber für einen gottesfürchtigen Menschen jener Zeit war ein solches Gebet nicht untypisch. Ein bekanntes rabbinisches Gebet (nicht lange nach der Zeit Jesu verfaßt) lautete: „Gepriesen sei der Herr, der mich nicht als einen Heiden geschaffen hat, denn alle Heiden sind nichts vor ihm. Gepriesen sei er, daß er mich nicht als Frau geschaffen hat, denn Frauen sind nicht unter der Forderung, das Gesetz zu erfüllen. Gepriesen sei er, daß er mich nicht gemacht hat als ungebildeten Mann, denn der ungebildete Mann ist nicht darauf bedacht, Sünden zu vermeiden."
Möglicherweise sah der Pharisäer es sogar als seine Pflicht an, durch ein solches Gebet auch die „Sünder" in der Menge darauf hinzuweisen, welches der wahre Weg zur Gerechtigkeit sei.

schon gar nicht wie dieser Zolleinnehmer da hinten. Der Aufbau des griechischen Textes faßt die Räuber, Übeltäter und Ehebrecher mit dem Zöllner zusammen. Zöllner galten als Räuber und Betrüger; der Ehebruch ist hier möglicherweise angeführt, um die Sündhaftigkeit des Zöllners zu betonen. Vielleicht ist er auch im übertragenen Sinne für die Untreue Gott gegenüber gebraucht. Das Gebet des Pharisäers kann durchaus ein Angriff darauf sein, daß ein Mann wie der Zöllner es überhaupt wagt, in den Tempel zu kommen.

18,12. Ich faste zweimal in der Woche. Während im Gesetz nur gefordert wurde, einmal jährlich am großen Versöhnungstag zu fasten, fasteten die Pharisäer jeden Montag und Donnerstag in der Absicht, damit vor Gott besondere Verdienste zu erlangen. Die Abgabe des zehnten Teils aller Einnahmen galt als Gesetzesbestimmung allen Juden, aber die Pharisäer nahmen diese Forderung so ernst, daß sie diese selbst auf Dinge ausweiteten, die im Gesetz nicht für die Verzehntung vorgesehen waren oder von denen bereits der Zehnte gegeben war (vgl. 11,42). Die äußerliche Erfüllung der religiösen Vorschriften dieser Männer war minuziös und beispielhaft.

18,13. blieb verlegen am Eingang stehen. Der Zolleinnehmer stand abseits der Menge. Offensichtlich war er zu beschämt, um sich ihnen anzuschließen.

... wagte kaum aufzusehen. Wörtl.: *er schlug sich an die Brust.* Dies war im Orient keine alltägliche Handlung. Sie drückte große Seelenqual aus und kennzeichnet hier das schuldbewußte Gebet.

Gott! Vergib mir. Wörtl. *Laß dich mit mir versöhnen* oder *schaffe mir Versöhnung.* Vor dem Hintergrund der Opferzeremonie, die im Tempel stattfand, bat der Zöllner, daß das Sündopfer auch für ihn gelten möge. Dies war seine einzige Hoffnung vor Gott. Er selbst hatte nichts zu bringen.

18,14. dieser ging von seiner Schuld befreit nach Hause. An diesem Punkt waren die Zuhörer Jesu sicher völlig überrascht. Wie konnte es geschehen, daß der Pharisäer, ein Vorbild an Frömmigkeit und Rechtschaffenheit, nicht vor Gott bestand, hingegen der sündige Zöllner Gott gerade recht war? Die überraschende Wendung im Gleichnis besteht darin, daß Gerechtigkeit eine Frage demütiger Selbsterkenntnis und des Vertrauens auf Gott ist, der die Versöhnung schenkt. Es geht nie darum, Gott durch religiöse Leistungen zu beeindrucken.

Denn der Stolze wird gedemütigt, und der Demütige wird erhöht werden. Das war ein allgemeiner Weisheitsspruch und ein zentrales Motiv jüdischer Lehre (vgl. 1 Sam 2,8; Ps 18,27; Spr 3,34; Jes 57,15; Mt 23,12; Lk 1,52; 14,11). Das Gleichnis erinnert die Hörer nur an eine Wahrheit, die sie längst kennen.

Auf den Maßstab kommt es an
Helmut Thielicke

Schauen wir uns die Szene genauer an, die uns hier im Gleichnis vorgeführt wird. Zunächst zeigen sich viele Parallelen.

Beide Männer wollen vor Gott stehen und suchen seine Gemeinschaft; beide sind im Tempel … Beide üben hier im Tempel einen Akt der Selbsterkenntnis, beide bekennen etwas über sich:

Der Zöllner bekennt, daß er vor Gott mit seinem belasteten Gewissen nicht bestehen kann … Der Pharisäer meint, daß er doch bestehen kann. Er ist ja auch wirklich aus anderem Stoff als der fragwürdige Geselle dort an der Tempelsäule. Darf er es dann aber nicht auch offen sagen? Wäre es nicht eine heuchlerische und eine übertriebene Demut, wenn er abstrakt und dogmatisch alle Unterschiede nivellieren und einfach bekennen wollte: Vor Gott sind wir beide gleich? … Will er nicht wirklich Gottes Ehre – zumal er sich dabei selbst gar nicht die entscheidenden Verdienste zumißt, sondern sie der göttlichen Gnade zuschreibt, die ihn bewahrt, gerettet und gestärkt hat und die er darum preist?

Wir sehen, diese Geschichte hat ihre Abgründe. Es ist gar nicht so einfach, das Urteil Jesu zu verstehen. Wir fragen deshalb am besten, wie beide zu ihrer Selbsterkenntnis und zu ihrem verschiedenen Bekenntnis kommen. Und tatsächlich: Hier stoßen wir auf den springenden Punkt.

Wenn man sich selbst erkennen will, muß man ja einen Maßstab haben. Und an diesem Maßstab brechen die Unterschiede zwischen beiden Gestalten auf.

Der Pharisäer mißt sich „nach unten", als er seinen Rang vor Gott bestimmen will. Er wählt sich den bösen Zöllner zum Maßstab. Die Unterschiede drängen sich ja wahrhaftig auch dra-stisch genug auf. Zwar weiß auch der Pharisäer sicherlich um die Wölfe, die in seinem Keller heulen; er weiß um Gedanken und Begehrungen, die ihn erschrecken lassen. Aber immerhin, er ist mit ihnen fertig geworden. Der Zöllner aber hat sich hemmungs- und disziplinlos von diesen Wölfen treiben lassen.

So wahr das alles ist – und es ist wirklich wahr! –, so sehr entsteht bei diesem Sich-Messen nach unten immer der Hochmut …

Dieser Maßstab verdirbt dann auch die Ehrlichkeit seines Dankgebetes. Gewiß, er dankt Gott dafür, daß er ihn zu dem gemacht hat, was er nun ist. Er weiß genau, daß es nicht sein Verdienst ist, und er sagt das ja auch. Aber nachdem er einmal der falschen Blickrichtung verfallen ist …, beginnt plötzlich sein Blick mit Wohlgefälligkeit auf sich selber zu ruhen: Gewiß, dies alles hat Gott aus mir gemacht, aber das bin ich nun auch …

Und eben hier, nur hier und an dieser Stelle, betet der Zöllner anders. Wo man wirklich mit einem belasteten Gewissen vor Gott tritt, sind einem die anderen Menschen ganz gleich. Da ist man völlig einsam und allein mit Gott. Dem Zöllner wäre nie der Gedanke gekommen zu sagen: „Der Pharisäer da hat zwar ein anderes Format als ich. Aber er wird auch seinen Dreck am Stecken haben! Auch er ist ein Sünder!" Das wäre gewiß richtig und wahr gewesen. Aber wenn man mit Gott in der letzten Einsamkeit ist und wenn man es nur mit ihm zu tun hat, sind einem manche Wahrheiten völlig gleichgültig. Man hat an etwas anderes zu denken. Darum ist die Situation des Zöllners ganz echt und radikal ehrlich. Er mißt sich „nach oben". Nur Gott selbst ist sein Maßstab. Und von ihm weiß er plötzlich, daß er in einer großen Ferne ist. Aber darum ist Gott ihm nun ganz nahe.

2 Bei Gott zu Hause sein

Das Gleichnis von den zwei verlorenen Söhnen (Lk 15,11-32)

[11]„Ein Mann hatte zwei Söhne", erzählte Jesus. [12]„Eines Tages sagte der Jüngere zu ihm: ‚Vater, ich will jetzt schon meinen Anteil am Erbe ausbezahlt haben.' Da teilte der Vater sein Vermögen unter ihnen auf.

[13]Nur wenige Tage später packte der jüngere Sohn alles zusammen, verließ seinen Vater und reiste ins Ausland. Endlich konnte er sein Leben in vollen Zügen genießen. Er leistete sich, was er wollte, [14]bis er schließlich keinen Pfennig mehr besaß. Zu allem Unglück brach in dieser Zeit eine große Hungersnot aus. Es ging ihm sehr schlecht. [15]In seiner Verzweiflung bettelte er so lange bei einem Bauern, bis der ihn zum Schweinehüten auf die Felder schickte. [16]Oft quälte ihn der Hunger so, daß er froh gewesen wäre, etwas vom Schweinefutter zu bekommen. Aber selbst davon erhielt er nichts.

[17]Da kam er zur Besinnung: ‚Bei meinem Vater hat jeder Arbeiter mehr als genug zu essen, und ich sterbe hier vor Hunger. [18]Ich will zu meinem Vater gehen und ihm sagen: Vater, ich bin schuldig geworden an Gott und an dir. [19]Sieh mich nicht länger als deinen Sohn an, ich bin es nicht mehr wert. Aber kann ich nicht als Arbeiter bei dir bleiben?'

Der Ablauf des Treffens ist Ihnen bereits vertraut. Wenn Sie sich noch einmal orientieren wollen, lesen Sie noch einmal auf S. 13, wie die einzelnen Schritte aussehen.

Einstieg (15 –20 Minuten)
(Wählen Sie bitte 1 oder 2 Fragen.)

● Welchen Platz nehmen Sie in der Reihenfolge Ihrer Geschwister ein? Stellen Sie bei sich Charakterzüge fest, die man typischerweise dem ältesten, jüngsten, mittleren oder dem Einzelkind zuschreibt?

● Sind Sie mehr ein „Nesthocker" oder mehr ein „Nestflüchter"?

● Sind Sie jemals von zu Hause weggelaufen? Wohin gingen Sie und was passierte?

Impulse für das Gespräch (30 – 40 Minuten)

● Das Publikum, dem Jesus dieses Gleichnis und zwei weitere über verlorengegangene Dinge erzählte, war eine interessante Mischung aus „Zöllner und Sünder" und Pharisäern. Letztere betrachteten Jesus kritisch, weil er sich nicht scheute, in Gesellschaft der Sünder gesehen zu werden.
Wer oder was repräsentiert im Gleichnis Gott? Wer steht für die Pharisäer, wer für die Zöllner und anderen Sünder?

● Welche Stationen durchläuft der jüngere Sohn in der Geschichte? Was ist seine Einstellung, als er zum Vater zurückkehren will (V.21)?

● Wie ist die Haltung des Vaters zum Sohn, bevor der Sohn zurückkommt? Wie empfängt er ihn (V.20.22-24)?

²⁰Er stand auf und ging zurück zu seinem Vater. Der erkannte ihn schon von weitem. Voller Mitleid lief er ihm entgegen, fiel ihm um den Hals und küßte ihn. ²¹Doch der Sohn bekannte: ‚Vater, ich bin schuldig geworden an Gott und an dir. Sieh mich nicht länger als deinen Sohn an, ich bin es nicht mehr wert.'

²²Sein Vater aber befal den Knechten: ‚Beeilt euch! Holt den schönsten Anzug, den wir im Hause haben, und gebt ihn meinem Sohn. Bringt auch einen kostbaren Ring und Schuhe für ihn! ²³Schlachtet das Kalb, das wir gemästet haben! Wir wollen feiern! ²⁴Mein Sohn war tot, jetzt lebt er wieder. Er war verloren, jetzt hat er zurückgefunden.' Und sie begannen ein fröhliches Fest.

²⁵Inzwischen kam der ältere Sohn nach Hause. Er hatte auf dem Feld gearbeitet und hörte schon von weitem die Tanzmusik. ²⁶Erstaunt fragte er einen Knecht: ‚Was wird denn hier gefeiert?' ²⁷‚Dein Bruder ist wieder da', antwortete er ihm. ‚Dein Vater hat sich darüber so gefreut, daß er das Mastkalb schlachten ließ. Jetzt feiern sie ein großes Fest.'

²⁸Der ältere Bruder wurde wütend und wollte nicht ins Haus gehen. Da kam sein Vater zu ihm und bat: ‚Komm und freu dich mit uns!' ²⁹Doch er entgegnete ihm bitter: ‚Wie ein Arbeiter habe ich mich all diese Jahre für dich geschunden. Alles habe ich getan, was du von mir verlangt hast. Aber nie hast du mir auch nur eine junge Ziege gegeben, damit ich mit meinen Freunden einmal hätte richtig feiern können. ³⁰Und jetzt, wo dein Sohn zurückkommt, der dein Geld mit Huren durchgebracht und alles verpraßt hat, jetzt gibt es gleich ein Fest, und du läßt sogar das Mastkalb schlachten!'

³¹Sein Vater redete ihm zu: ‚Mein Sohn, du bist immer bei mir gewesen. Was ich habe, gehört auch dir. ³²Darum komm, wir haben allen Grund zu feiern. Denn dein Bruder war für uns tot, jetzt hat für ihn ein neues Leben begonnen. Er war verloren, jetzt hat er zurückgefunden!'"

• Wie reagiert der ältere Bruder auf die Aufnahme seines jüngeren Bruders durch den Vater (25-30)?

• In welcher Weise ähnelt Ihr Leben dem Vater – etwa im Umgang mit einem „undankbaren" Kind? Inwiefern ähnelt es dem verlorenen Sohn – in der Abkehr von irdischen Eltern oder dem himmlischen Vater? Gibt es Ähnlichkeiten zwischen Ihnen und dem älteren Sohn? Wie reagieren Sie, wenn Sie den Eindruck haben, daß Gottes Segen jemandem zugute kommt, der es weniger verdient als Sie?

• Wenn Sie sich mit den beiden Brüdern vergleichen, wem ähneln Sie augenblicklich am ehesten? Warum?

• Wenn Sie Ihre Entwicklung im Glauben mit dem Weg des jüngeren Sohnes vergleichen, wo stehen Sie augenblicklich? Sind Sie nie von zu Hause weggegangen? Sind Sie noch zu Hause, aber liebäugeln mit dem Auszug? In der Fremde und am Ende Ihrer Möglichkeiten? Voller Fragen auf Ihrem Weg nach Hause? Oder sind Sie zu Hause und genießen das Fest?

 ## Austausch und Gebet
(15 – 30 Minuten)

• Wie verwirklichen Sie als Gruppe die Ziele, die Sie sich beim letzten Treffen gesteckt haben? Haben Sie jemanden eingeladen zum heutigen Treffen?

• Worin kann diese Gruppe Sie in der nächsten Woche im Gebet unterstützen?

Erläuterungen

Überblick und Kontext. Dieses ist das dritte von drei Gleichnissen in Lukas 15, die davon sprechen, daß etwas verlorengegangen war und wiedergefunden wurde. Das Gleichnis ist offen für eine Vielzahl von Interpretationen, je nachdem, wo man die Hauptbetonung zu erkennen meint. Als *Gleichnis vom liebenden Vater* verdeutlicht es die grenzenlose und überschwengliche Liebe Gottes gegenüber seinen Kindern, die sich von ihm abwenden. Als *Gleichnis vom verlorenen Sohn* beschreibt es die Chance der Umkehr von einem falschen Weg und die Freude, die denjenigen erwartet, der zu Gott zurückkehrt. Als *Gleichnis von den verlorenen Söhnen* deckt es den Argwohn der Pharisäer gegenüber Jesus auf, der sich den „Verlorenen", den offenkundigen Sündern zuwandte (V.1-2).

15,12. Ich will jetzt schon meinen Anteil am Erbe ausbezahlt haben. Nach jüdischem Gesetz erhielt der jüngere von zwei Söhnen beim Tode des Vaters ein Drittel des Besitzes (5 Mo 21,17). Obwohl ein Vater durchaus seinen Besitz auf Wunsch eines Sohnes schon zu seinen Lebzeiten aufteilen konnte, wurde diese Bitte zweifellos als unglaublich herzlos angesehen. Eigentlich macht sie deutlich, daß die Tatsache, daß der Vater noch am Leben ist, die Pläne und Wünsche des Sohnes noch durchkreuzt. Die Hörer des Gleichnisses erwarteten von einem Vater, der mit solch einer ungehörigen Bitte angegangen wurde, daß er mit Ärger reagiere. Statt dessen willigt der Vater im Gleichnis überraschenderweise in die Bitte ein und teilt seinen Besitz unter seine Söhne auf.

15,13. Er packte alles zusammen. Mit anderen Worten: Der jüngere Sohn verkaufte den Anteil seines Besitzes. Eine solche Handlungsweise war ausgesprochen skandalös in einer Zeit, in der der gesellschaftliche Stand und die materielle Zukunft eng mit dem familiären Landbesitz verbunden waren. Mit dem Ziel, seine augenblicklichen Wünsche zu befriedigen, hatte der Sohn sich von seiner Familie losgesagt. Er gab alle Mittel aus der Hand, ein eigenes Einkommen zu haben, und beraubte mögliche Nachkommen der Sicherheiten, die der Grundbesitz bot.

das Leben in vollen Zügen genießen. Er leistete sich, was er wollte. An anderen Stellen wird dieser griechische Ausdruck übersetzt mit: „ein liederliches Leben führen" (Eph 5,18) oder „zügellos leben" (1 Petr 4,4).

15,15. zum Schweinehüten auf die Felder. Im Judentum gelten Schweine als unreine Tiere (vgl. 3 Mo 11,7). Sie wurden weder als Haustiere gehalten, geschweige denn gegessen oder auch nur berührt. Wer mit Schweinen zu tun hatte, war auch in religiöser Hinsicht ein Außenseiter.

15,16. etwas vom Schweinefutter zu bekommen. Schon für den heutigen Leser klingt es äußerst unappetitlich, Schweinefutter zu essen. Für die Pharisäer in der damaligen Hörerschaft war dies völlig undenkbar. In der Geschichte markiert diese Situation das völlige Scheitern.

15,17. Da kam er zur Besinnung. Wörtl.: *er schlug sich an die Brust.* Dies zeigt nicht die Buße an, sondern lediglich die Erkenntnis, daß der eingeschlagene Weg nicht zum gewünschten Ziel führte. Ein Ausleger weist darauf hin, daß der Sohn bis zu diesem Punkt lediglich erkannt hatte, daß er sein Erbe verschleudert hatte und keine Basis mehr besaß, um seinen Vater in dessen Lebensabend zu versorgen. Der Plan, als Knecht seines Vaters zu arbeiten, könnte ihm wenigstens teilweise bei der Erfüllung dieser Verpflichtung helfen.

15,19. Sieh mich nicht länger als deinen Sohn an, ich bin es nicht mehr wert. Der Sohn erkennt an, daß er keinen rechtlichen oder moralischen Anspruch mehr darauf hat, als Sohn anerkannt und aufgenommen zu werden.

Arbeiter. Hierbei handelt es sich um einen Tagelöhner, der je nach der anfallenden Arbeit lediglich tageweise beschäftigt wurde.

15,20. Nicht nur die Handlungsweise des Sohnes mußte den Pharisäern skandalös erscheinen. Die Reaktion des Vaters widersprach gleichermaßen dem damaligen Verständnis, wie man mit solch einem Sohn umzugehen habe.

erkannte ihn schon von weitem. Vorausgesetzt wird offenbar, daß der Vater auf die Rückkehr seines Sohnes gewartet und gehofft hatte.

er lief ihm entgegen. Damit schlägt der Vater jede Rücksicht auf die Tradition und die eigene Würde in den Wind. Die allgemeine Sitte verwehrte es dem älteren Mann als entwürdigend, sich zu beeilen. Ganz besonders unangebracht war es natürlich, jemandem entgegenzulaufen, der sich zudem ungebührlich verhalten hatte. Dieses Bild zeigt in einzigartiger Weise die Reaktion des allmächtigen, heiligen Gottes dem Menschen gegenüber, der seinen Irrweg erkannt hat und zurückkehrt. Im dörflichen Umfeld hätten sich die Einwohner sehr wohl bei der Rückkehr des Sohnes versammelt, allerdings um ihn spüren zu lassen, daß er das verdiente Schicksal für sein ungehöriges Verhalten erfahren habe. Während der Sohn also nur mit einem „Spießrutenlaufen" rechnen konnte, wurde er durch die Begrüßung seines Vaters vor den zu erwartenden Schmähungen in Schutz genommen.

fiel ihm um den Hals und küßte ihn. Normalerweise die typische Begrüßung unter Männern im Orient. Unter den gegebenen Umständen ist sie natürlich in keiner Weise zu erwarten.

15,21. Sieh mich nicht länger als deinen Sohn an, ich bin es nicht mehr wert. Der Satz drückt anschaulich aus, was Umkehr meint: „Ich kann dir nicht mehr bieten als ein zerknirschtes Herz" (vgl. Ps 51,17).

15,22. Der Vater macht deutlich, wie alle anderen mit dem Heimkehrer umzugehen haben.

der schönste Anzug. Vermutlich handelt es sich um das beste Gewand des Vaters. Damit macht der Vater deutlich, daß man den Sohn so ehren solle, wie man ihn selbst ehren würde.

den kostbaren Ring. Der Ring verleiht dem Sohn den Status des Stellvertreters des Vaters.

Schuhe. Vor allem Sklaven trugen keine Schuhe. Wer Schuhe trug, zeigte damit an, daß er als freier Mann gehen konnte, wohin er wollte. Der Sohn wurde unverzüglich und ohne Vorbedingung wieder zur Respektsperson erhoben.

15,23 das Kalb, das wir gemästet haben. Dieses Tier wurde für eine besonders festliche Gelegenheit gemästet. Daß ein ganzes Kalb geschlachtet wird, läßt darauf schließen, daß das ganze Dorf zum Festessen eingeladen wurde.

15,24. Mein Sohn war tot. Im übertragenen Sinne war der Sohn tot. Er hatte deutlich alle Verbindungen zum Vaterhaus durchtrennt, und es war eigentlich nicht zu erwarten gewesen, daß er jemals wieder zurückkommen würde.

15,25-32. Die Erzählung wendet sich nun dem älteren Bruder zu, der die Einstellung der Pharisäer repräsentiert.

15,28. Die Weigerung des Älteren, dem Fest beizuwohnen, mußte als Zeichen der Mißachtung dem Vater gegenüber gewertet werden. Bei solchen Familienfesten hatte der älteste Sohn die Rolle des großzügigen Gastgebers zu übernehmen.

15,29. Auch hier tut der Vater den ersten Schritt auf seinen Sohn zu und reagiert mit Freundlichkeit und Geduld auf eine weitere Entgleisung. Die Hörer mußten eigentlich Empörung, zumindest aber eine Zurechtweisung des Sohnes erwarten. Während die väterliche Liebe im jüngeren Sohn Demut, Beschämung und Freude bewirkt, quittiert der ältere Sohn diese Freundlichkeit mit höchst beleidigendem Verhalten.

Wie ein Arbeiter. Ironischerweise beschreibt der ältere Sohn die Gemeinschaft mit seinem Vater mit dem Bild, das auch der zurückgekehrte Sohn in seinem Wunsch gebraucht hatte (V.19): Wenigstens Knecht sein zu dürfen. Obwohl er sich äußerlich nie aus der Nähe des Vaters entfernt hatte, hatte diese Nähe nie zu einer beglückenden Beziehung geführt.

Alles habe ich getan, was du von mir verlangt hast. Der Sohn reduziert die Nähe zu seinem Vater auf den Gehorsam einer Herr-Knecht-Beziehung. Hier spielt Jesus darauf an, daß die Pharisäer den Sinn der Gottesbeziehung ebenso in der genauen Befolgung des im Gesetz Gebotenen sahen.

nie hast du mir ... gegeben. Er weiß den Wert der Nähe zum Vater und dessen Liebe zu ihm überhaupt nicht zu schätzen.

15,31-32. Was ich habe, gehört auch dir. Damit versichert der Vater dem älteren Sohn, daß er durch die Rückkehr seines Bruders nicht um seinen Anteil des Erbes fürchten muß. Der Vater sieht in seinem Sohn nicht einen Sklaven, sondern seinen Erben. Auch er soll die Heimkehr seines Bruders feiern.
Es bleibt offen, wie der ältere Sohn reagierte. Jesus fordert damit die Pharisäer (und auch den heutigen Hörer) zu einer Antwort heraus.

3 Wer bringt Frucht?

Das Gleichnis vom Sämann (Mk 4,1-20)

Wieder kam eine große Menschenmenge zusammen, als Jesus am See sprach. Darum stieg er in ein Boot und redete von dort zu den Menschen am Ufer. ²Was er ihnen von Gott zu sagen hatte, erklärte er ihnen durch Beispiele:
³„Hört mir zu! Ein Bauer säte Getreide aus. ⁴Dabei fielen ein paar Samenkörner auf den Weg. Die wurden gleich von den Vögeln aufgepickt. ⁵Andere fielen auf felsigen Boden, wo die Ackerkrume nur dünn war. Dort ging die Saat zwar schnell auf; ⁶aber als die Sonne heiß brannte, vertrockneten die Pflänzchen, weil ihre Wurzeln in der dünnen Erdschicht zu wenig Nahrung fanden. ⁷Ein Teil des Samens fiel zwischen die Disteln, von denen die jungen Pflanzen bald überwuchert wurden, so daß sie schließlich erstickten. ⁸Der übrige Same aber fiel auf fruchtbaren Boden und brachte das Dreißigfache, das Sechzigfache, ja sogar das Hundertfache an Frucht ein. ⁹Hört genau auf das, was ich euch sage!"

Zur Erinnerung: Jedes Treffen besteht aus drei Teilen:
1. Der *Einstieg* bietet Impulse zum gegenseitigen Kennenlernen und führt hin zum Thema des Bibeltextes.
2. Das *Bibelgespräch* gibt Ihnen Gelegenheit, Glaubens- und Lebenserfahrungen miteinander zu teilen.
3. Der *Austausch* vertieft Ihr Gespräch und verbindet Sie als Gruppe untereinander.

Einstieg (15 – 20 Minuten)
(Wählen Sie bitte 1 oder 2 Fragen.)

● Wo lebten Sie, als Sie etwa zehn Jahre alt waren? Wie sah es damals um das Haus herum aus?

● Welche Beziehung haben Sie zur Natur? Haben Sie einen „grünen Daumen"? Wie gedeihen Rasen, Gemüse, Blumen und Zimmerpflanzen unter Ihrer Pflege?

● Sind Sie ein Mensch, der in der Regel zu Ende führt, was er beginnt?

Impulse für das Gespräch (30 – 40 Minuten)

● Warum kann nach den Worten Jesu (V. 15) das Wort Gottes in manchen Menschen überhaupt keine Wurzeln schlagen? Warum verdorren die Pflanzen auf dem zweiten Boden (V.16.17)? Welche Gegner ersticken die Pflanzen im dritten Boden (V.18.19)?

● Was meint Jesus wohl mit der außergewöhnlichen Frucht, die auf dem guten Boden (V.20) wächst?

● Versuchen Sie ein „Erfolgsrezept" zu schreiben, wenn es darum geht, das Evangelium weiterzugeben. Welche Konsequenzen ergeben sich aus dem Gleichnis für diese Frage?

[10]Später, als Jesus mit seinen zwölf Jüngern und den anderen Begleitern allein war, fragten sie ihn: „Warum erzählst du solche Beispiele?" [11]Er antwortete: „Ihr versteht die Geheimnisse des Reiches Gottes. Den anderen erkläre ich sie durch Gleichnisse. [12]Damit erfüllt sich an ihnen das Wort des Propheten Jesaja: ‚Sie sehen, aber sie erkennen nicht; sie hören, aber sie verstehen es nicht. Sonst würden sie ja zu Gott umkehren und ihre Sünde würde ihnen vergeben.'"

[13]Zugleich sagte er zu seinen Jüngern: „Aber ich sehe, daß auch ihr diesen einfachen Vergleich nicht verstanden habt. Wie wollt ihr dann all die anderen begreifen?

[14]Wer Gottes Wort weitergibt, ist wie der Bauer, der Samen aussät. [15]Mit dem festgetretenen Weg, auf den ein paar Körner fallen, sind die hartherzigen Menschen gemeint. Sie hören zwar Gottes Botschaft, aber dann kommt der Satan und nimmt ihnen alles wieder weg.

[16]Der felsige Boden ist ein Beispiel für die Leute, die das Wort Gottes schnell und mit großer Begeisterung annehmen. [17]Aber das Wort kann nicht tief genug in ihr Leben eindringen. Sie sind hin- und hergerissen. Wenn sie wegen ihres Glaubens in Schwierigkeiten kommen oder verfolgt werden, geben sie gleich auf.

[18]Der von Disteln überwucherte Boden entspricht den Menschen, die Gottes Botschaft hören und aufnehmen. [19]Aber nur allzu schnell ersticken die Sorgen des Alltags, die Verführung des Wohlstandes und die Gier nach all den Dingen dieses Lebens Gottes Botschaft in ihrem Herzen, so daß keine Frucht wachsen kann.

[20]Aber es gibt auch fruchtbaren Boden: Menschen, die Gottes Wort hören und in ihr Leben aufnehmen, so daß es Frucht bringt, dreißigfach, sechzigfach oder hundertfach."

● Welcher Boden beschreibt am besten Ihre Reaktion, als Sie das Evangelium zum ersten Mal hörten? Wie stufen Sie momentan Ihre eigene „Bodenqualität" ein?

● Welche Zeiten in Ihrem Leben haben Sie als besonders „fruchtbar" erlebt? Was für Früchte wuchsen damals? Waren Früchte für das Reich Gotttes dabei?
Wenn Sie dagegen an wenig fruchtbare Zeiten denken, welche Faktoren waren dafür ausschlaggebend?

● Welche Schritte könnten Sie unternehmen, um den Ackerboden Ihres Lebens zu verbessern?
Einmal alles gründlich umgraben und völlig neu anfangen?
In auftretenden Schwierigkeiten oder Problemen mehr den Dünger erkennen als lediglich felsige Umgebung?
Dornen und Disteln einmal gründlich ausjäten?

Den Boden besser bewässern aus den Quellen von Gebet und Wort Gottes?
Oder brauchen Sie die nährstoffreiche „Humusschicht" einer geistlich lebendigen Gemeinde?

 ## Austausch und Gebet
(15 – 30 Minuten)

● Welche Schwierigkeiten machen Ihnen augenblicklich zu schaffen? Welche Wünsche oder Sorgen behindern die Frucht in Ihrem Leben?

● Worin wünschen Sie sich heute (oder die nächste Woche hindurch) die Unterstützung durch die Gruppe im Gebet?

● Was wünschen Sie sich von einer tragfähigen Gemeinschaft, wie es diese Gruppe sein möchte? Was können Sie dazu beitragen?

Erläuterungen

Überblick und Kontext. Bei dem „Gleichnis vom Sämann" liegt die Betonung in Wirklichkeit auf der Beschaffenheit des *Ackerbodens*. Das Gleichnis hat eine wichtige Funktion im Gesamtaufbau des Markusevangeliums. In Kapitel 3 gibt Markus vier Reaktionen auf das öffentliche Auftreten Jesu wieder.
1. Die Pharisäer wollen Jesus aus dem Weg räumen (3,6) und behaupten, er sei von Dämonen besessen (3,22).
2. Das Volk schätzt Jesus als Wundertäter (3,7-11).
3. Die Familie Jesu ist besorgt, daß die Situation außer Kontrolle gerät und hält ihn für verrückt (3,21).
4. Einige Leute sitzen zu seinen Füßen, hören, was er sagt, und setzen es um (3,34-35).
Diese verschiedenen Reaktionen auf Jesus sind angesprochen in den vier Ackerböden. Das Gleichnis deutet damit auch an, daß es auch in Zukunft diese unterschiedlichen Reaktionen auf Jesus geben wird.
Wenn man das Gleichnis (V.3-8) für sich betrachtet, ist es aufschlußreich, was Jesus „zwischen den Zeilen" über das Reich Gottes aussagt. Was z.B. wird über die Art und Weise der Verkündigung des Evangeliums ausgesagt? Was wird über das Ergebnis dieser Verkündigung gesagt? Was folgt aus dem Gleichnis über die Wirksamkeit des Wortes angesichts von Schwierigkeiten, die auftreten können?

4,1. Er redete vom Boot aus. Rabbiner lehrten in der Regel sitzend (vgl. Mt 5,1; Lk 5,3; Joh 8,2).

4,3. Hört mir zu. Seid aufmerksam! Die Geschichte enthält mehr, als oberflächlich zu erkennen ist. Jesus ruft damit seine Hörer auf, über seine Worte nachzudenken; andernfalls werden sie nichts verstehen.

Ein Bauer säte Getreide aus. Viele Kommentatoren unterstützen die Auffassung, daß Bauern in Palästina ihre Felder bestellten, indem sie vor dem Pflügen die Saat auf dem gesamten Acker auswarfen (einschließlich der Stellen mit Unkraut oder felsiger Zonen mit nur dünner Ackerkrume). Andere Kommentare betonen, daß der einzige Hinweis für eine solch ungewöhnliche Praxis dieses Gleichnis ist. Sie sind der Meinung, daß das wahllose Aussäen des Bauers im Gleichnis bereits eines der überraschenden Momente ist, mit denen Jesus die Aufmerksamkeit seiner Hörer fesseln will. Man hätte sich damals unwillkürlich gefragt, warum der Sämann so etwas tut und auf Boden voller Unkraut oder Felsen sät.

4,4. auf den Weg. Es gab hartgetretene Pfade zwischen den verschiedenen Parzellen. Der Boden war so fest, daß die Saat nicht in ihn eindringen konnte und keine Wurzeln schlug. Vögel kamen und pickten die Saat auf, die lediglich auf der Oberfläche zu liegen kam.

4,5-6. auf felsigen Boden. Manchmal bedeckte der Ackerboden nur wenige Zentimeter hoch das darunterliegende Felsgestein. Saat, die auf solche Stellen fiel, ging zwar auf, aber sie konnte sich nicht entwickeln. Die Ausbildung der lebenswichtigen Wurzeln war durch den felsigen Boden nicht möglich.

4,7. zwischen die Disteln. In anderen Bereichen des Ackers war Unkraut. Wenn die Saat aufging, ging auch das Unkraut auf. Dieses behinderte das Wachstum der Saat massiv. Obwohl die ausgesäte Saat nicht völlig abstarb, trug sie doch keine Frucht.

4,8. auf fruchtbaren Boden. Ein Teil der Saat fällt immerhin auf Land, das die nötigen Wachstumsbedingungen bietet.

dreißigfach, sechzigfach, hundertfach. Der gute Boden bringt eine erstaunliche Ernte hervor. Das normale Verhältnis zwischen Aussaat und Ernte auf Feldern in Palästina beträgt 1:7,5. Eine zehnfache Ernte wäre bereits ein besonders guter Ertrag. Hier liegt also der Schwerpunkt des Gleichnisses. Nicht der unfruchtbare Boden, sondern die wunderbare Ernte ist das Überraschendste.

4,9. Jesus zwingt seine Hörer dazu, das Gleichnis intensiv zu bedenken. Zum Teil liegt die Kraft eines Gleichnisses gerade darin begründet, daß die Zuhörer es durchdenken müssen, um die Bedeutung zu erfassen. Sie brauchen einen „Schlüssel", der ihnen erschließt, um welches Thema es in dieser Alltagsgeschichte eigentlich geht.

Hört genau. Das Motiv der Taubheit für die Botschaft Gottes ist Markus wichtig. Markus berichtet uns von zwei Heilungen tauber Menschen durch Jesus. Diese Heilungen weisen über sich selbst hinaus und darauf hin, daß alle Menschen „geöffnete Ohren" brauchen, von einer inneren Taubheit geheilt werden müssen, um zu verstehen, wer Jesus wirklich ist (vgl. 4,12.23; 7,31-37; 8,18).

4,10. Das eigentliche Thema des Gleichnisses ist nicht von vornherein offensichtlich – nicht einmal für die Jünger. Der letzte Zielpunkt der Predigt Jesu wird den Jüngern erst nach seinem Tod und seiner Auferstehung klar.

4,11.12. Auf den ersten Blick scheint hier gesagt zu sein, daß die Gleichnisse die Wahrheit verschleiern *sollen*. In Wirklichkeit wird einfach (mit ein wenig Ironie) ausgesagt, was Tatsache ist: Einige gehen auf die Worte Jesu ein und andere nicht. Die Gesetzeslehrer z.B. sehen zwar die Wunder, die Jesus tut, und hören seine Lehre, aber sie schreiben seine Macht dem Teufel zu (3,22). Sie sehen alles, haben aber nichts verstanden.

4,11. Geheimnis. Ein Geheimnis ist im NT nicht etwas Verborgenes. Vielmehr ist es etwas, das früher verborgen und unerkannt war, jetzt aber offenbar ist und von jedem, der will, erkannt werden kann. Das Geheimnis, das den Jüngern gegeben ist, ist das kommende Reich Gottes.

Das Reich Gottes. In den Gleichnissen Jesu in diesem Teil des Markusevangeliums geht es vor allen Dingen darum, wie Gott seine Herrschaft mitten in den normalen irdischen Verhältnissen aufrichtet. Das ist der Schlüssel zu ihrem Verständnis.

Ihr versteht. Nicht einmal die Jünger, denen doch das Geheimnis des Reiches Gottes anvertraut ist (d.h. die von Jesus auf den neuen Weg der Nachfolge gerufen sind), verstehen es vollständig (V.13). Erst im Vollzug dieser Nachfolge erschließt sich ihnen die Bedeutung der Worte Jesu mehr und mehr.

Den anderen. Wörtl.: *denen, die draußen sind*. Das besagt nicht, daß Gott nur manche Menschen ruft und andere vom Heil ausschließt. Vielmehr sind „die anderen" einfach jene, die die Botschaft Jesu nicht aufnehmen wollen. Das Geheimnis der Herrschaft Gottes steht allen offen, die wie die Jünger danach suchen.

4,12. Sehen ... hören ... aber nicht verstehen. Hierbei handelt es sich um ein Zitat aus dem Propheten Jesaja (6,9-10). Dort beauftragt Gott den Propheten, sein Wort zu verkündigen, obwohl Israel es nicht hören will. Sie sahen Gottes Botschafter und hörten seine Botschaft, verweigerten sich ihr aber.

Sonst würden sie ja zu Gott umkehren und ihre Sünde würde vergeben. Man versteht diesen Vers nur richtig, wenn man die Ironie berücksichtigt, die darin mitschwingt. Gott hatte bereits gesehen, daß das Volk gar nicht an der Umkehr interessiert war. Weil sie lieber in ihrer Sünde beharren wollten, bedeckten sie ihre Augen und verschlossen ihre Ohren gegenüber dem Wort Gottes. Sie waren von vornherein fest entschlossen, sich durch nichts zu einer Sinnesänderung und Hinwendung zu Gott bewegen zu lassen. Das Zitat an dieser Stelle besagt, daß sich die Menschen nicht geändert haben: Damals wie jetzt gibt es solche, die es ablehnen, zu sehen und zu hören, was Jesus im Namen Gottes sagt, weil sie ihr Leben nicht ändern wollen.

4,13-20. Nur an dieser Stelle im Markusevangelium legt Jesus ein Gleichnis, das er erzählt, auch aus. Zusammen mit der überdurchschnittlichen Länge dieses Abschnittes (die meisten Geschichten umfassen nur zehn oder weniger Verse) wird deutlich, wie wichtig dieses Gleichnis für den Evangelisten Markus ist. Durch das Gleichnis faßt er für die Leser noch einmal zusammen, welche vier Reaktionen auf Jesus es bisher im Evangelium gegeben hatte. Direkt vor dem Gleichnis (3,7-35) zeigt er zwei negative Reaktionen (die Gesetzeslehrer und die Familie Jesu) und zwei positive (die Volksmenge und die Jünger). Durch die Zusammenstellung mit dem Gleichnis aber wird klar, daß nur eine Reaktion (die der Jünger) wirklich Frucht für das Reich Gottes bringt.

4,13. Die Saat ist die Botschaft von der Herrschaft Gottes.

4,15. Satan. Die Gesetzeslehrer beschuldigen Jesus, vom Satan gesteuert zu sein (3,22). In Wirklichkeit wird aber klar, daß sie selbst unter seinem Einfluß sind.

4,16-17. Andere Hörer (die Volksmenge) sind nur oberflächlich von Jesus angezogen. Sie nehmen ihn in Anspruch (seine eindrucksvolle Lehre, Heilung von Krankheiten, Befreiung von bösen Geistern), wollen ihm aber nicht nachfolgen. Sie wenden sich ab, sobald Schwierigkeiten auftauchen.

das Wort Gottes schnell und mit großer Begeisterung annehmen. In der Tat wuchs die Zahl der Mitläufer schnell, als die Volksmenge sah, was Jesus vollbringen konnte (1,16-45; 3,7-12).

4,18.19. Bei anderen, wie bei den Angehörigen Jesu, führten falsche Bedenken dazu, daß die aufkeimende Saat ausgerissen wurde: Ißt er auch genug? Was gibt ihm das Recht, sich als Rabbi aufzuspielen (3,20.21.31-35; 6,1-6)?

Sorgen des Alltags, Verführung des Wohlstandes und die Gier nach all den Dingen dieses Lebens. Die Nachfolge Jesu verlangt ganze Hingabe. Geld, Wohlstand und Besitz sind nicht an sich schlecht; dennoch werden die Jünger gewarnt, diesen Dingen keine Priorität zuzugestehen. Vor allem anderen geht es darum, Jesu Botschaft zu hören und ihr zu folgen.

so daß keine Frucht wachsen kann. Der Weizen stirbt unter dem Unkraut zwar nicht ab (im Gegensatz zur Saat, die auf dem felsigen Boden nicht überleben kann), aber er kann keine Frucht hervorbringen.

4,20. Schlußendlich aber bringen manche überreichlich Frucht (vgl. 3,13-19).

Frucht. Die Frucht, die hier gemeint ist, ist ein Leben, in dem die „Lebensqualität" des Reiches Gottes sichtbar wird, z.B. durch Eigenschaften wie Gerechtigkeit, Liebe, Freude, Friede, Güte usw. (vgl. Gal 5,22.23; Phil 1,11).

dreißigfach, sechzigfach oder hundertfach. Obwohl es so scheint, als ob es drei Arten von unfruchtbarem Boden gäbe (hart, felsig und voller Unkraut) und drei Arten von fruchtbarem Land (das dreißigfach, sechzigfach oder hundertfach Frucht bringt), gibt es in Wirklichkeit doch nur zwei Arten von Boden: unfruchtbaren und fruchtbaren.

Zweierlei muß ich [zu diesem Gleichnis] feststellen:

Das *Erste*: Niemand darf aus diesem Gleichnis den trügerischen Schluß ziehen: Nun, man sieht's ja, jeder ist eben prädestiniert. Es liegt alles daran, was man für ein Typ ist. Der eine ist eben oberflächlich „veranlagt", er ist gleichsam konstitutionell ohne Tiefgang. Der andere hat den überstarken Sog der Vitalmächte in sich, der dritte ist wetterwendisch … – und der vierte ist eben „gläubig" veranlagt. Für diesen Typ kann man nichts, das ist einem mitgegeben. Darum sind wir niemals Hauptschuldige, sondern Entlastete, höchstens aber Mitläufer des Teufels …

[Aber] es geht hier gar nicht um bestimmte Typen und Klassen von Menschen. Vielmehr ist es so, daß jeder einzelne das vierfache Ackerland in sich hat. Es gibt bestimmte Zeiten in unserem Leben, es gibt auch bestimmte Schichten in unserem Ich, in denen wir alle miteinander Wege-Menschen, Felsenleute, Dornenträger und fruchtbares Ackerland sind.

[So sollen wir dieses Gleichnis verstehen als eine Mahnung dazu], mit uns ins Gericht und in eine strenge Untersuchung darüber zu gehen, welchen Vögeln, welchen Disteln, welcher Oberflächlichkeit ich in *meinem* Leben das Wort Gottes preisgebe, worin in *meinem* Leben die gefährdenden Mächte und die Wurzeln der Friedlosigkeit bestehen.

Und *weiter:* Jesus erzählt uns die Geschichte nicht, um uns so etwas wie eine landwirtschaftliche Statistik des Reiches Gottes vorzusetzen. Man würde ihn verhängnisvoll mißverstehen, wenn man meinen sollte, hier würden uns die hemmenden und unseren Glauben erwürgenden Mächte einfach zur gefälligen Kenntnisnahme und meinetwegen auch zur gefälligen Selbstprüfung aufgezählt. Es geht um mehr als um eine „Analyse". Jesus … macht nie eine Statistik, sondern er stellt uns immer an die Arbeit. Er sagt uns: Jätet die Dornen aus; sorgt, daß der Samen des Wortes nicht auf den Weg fällt; achtet darauf, ob ihr Leute seid, in deren allzu dünner Erdschicht das Wort nicht wurzeln kann. Jesus sagt: Seid ein ordentlicher Ackerboden. Das will sagen: Haltet dem Wort still, schafft die Verhärtungen weg, klemmt Gott nicht in ein paar Ritzen eurer Tagesgeschäfte ein, gebt ihm vielmehr einen Raum der täglichen Stille *und* – drückt euch nicht vor dem Sterben und vor der Buße …

Gott läßt sich nicht billig haben. Zu Gott kommt man nur, wenn man sich von ihm mobilisieren läßt und wenn man marschiert. Das ist nicht leicht und bedeutet Abschied von vielem. Aber nur so kommt man in seinen Frieden …

Ja, es ist sehr aufregend, ein Christ zu sein. Da geht es immer ums Ganze. Und auf den stillen Äckern passiert *mehr* als an den großen Knotenpunkten des Verkehrs, wo die roten und grünen Ampeln hängen.

4 Vergebung kennt keine Grenzen

Das Gleichnis vom unbarmherzigen Schuldner (Mt 18,21-35)

[21]Da fragte Petrus: „Herr, wie oft muß ich meinem Bruder vergeben, wenn er mir Unrecht tut? Ist siebenmal denn nicht genug?" [22]„Nein", antwortete Jesus. „Nicht nur siebenmal. Es gibt gar keine Grenze. Du mußt bereit sein, ihm immer wieder zu vergeben."
[23]„Man kann das Reich Gottes mit einem König vergleichen, der mit seinen Verwaltern abrechnen wollte. [24]Zu ihnen gehörte ein Mann, der ihm einen Millionenbetrag schuldete. [25]Aber er konnte diese Schuld nicht bezahlen. Deshalb wollte der König ihn, seine Frau, seine Kinder und seinen gesamten Besitz verkaufen lassen, um wenigstens einen Teil seines

Einstieg (15 – 20 Minuten)
(Wählen Sie bitte 1 oder 2 Fragen.)

● Was war das Schlimmste, was Ihnen Ihr Bruder oder Ihre Schwester in Ihrer Kindheit angetan hat?

● Welches „Rechenklima" herrscht in Ihrer Familie? Fällt es Ihnen leicht, sich gegenseitig zu vergeben oder rechnen Sie Fehler und Schulden gerne auf?

● Wieviele Kreditkarten haben Sie? Wann ist es für Sie besonders verlockend, diese zu benutzen?

Impulse für das Gespräch (30 – 40 Minuten)

● Die jüdische Tradition lehrt, daß man dreimal vergeben soll. Petrus bietet mit siebenmaligem Vergeben mehr als doppelt soviel an. Wie, glauben Sie, hat er sich bei seiner Frage an Jesus wohl gefühlt (V. 21.22)?

● Worin ähneln und worin unterscheiden sich die Schulden der beiden Diener (V.24.28)? Ihre Bitten (V.26.29)?

● Sagt das Gleichnis auch etwas aus über Ihr Verhältnis zu Gott? Benutzen Sie ein Bild aus der Finanzwelt! Sagt es etwas aus über Ihre Reaktion Menschen gegenüber, die an Ihnen schuldig wurden?

● Denken Sie noch einmal an das Gleichnis von den beiden verlorenen Söhnen. Sehen Sie Unterschiede in bezug darauf, was jeweils über die Bedingungen der Vergebung ausgesagt ist? Ist Vergebung an Bedingungen geknüpft oder ist sie bedingungslos?

● Gibt es ein Erlebnis, an dem Ihnen die Bedeutung der Vergebung besonders deutlich geworden ist?

● In welchen Bereichen fällt es Ihnen besonders schwer, anderen Ihre Fehler zu vergeben?

Geldes zu bekommen. ²⁶Doch der Mann fiel vor dem König nieder und flehte ihn an: ‚Herr, hab noch etwas Geduld! Ich will ja alles bezahlen.' ²⁷Da hatte der König Mitleid. Er gab ihn frei und erließ ihm seine Schulden.

²⁸Kaum war der Mann frei, ging er zu einem Mitarbeiter, der ihm einen kleinen Betrag schuldete, packte ihn und schrie: ‚Bezahle jetzt endlich deine Schulden!' ²⁹Da fiel dieser Arbeiter vor ihm nieder und bettelte: ‚Hab noch etwas Geduld! Ich will ja alles bezahlen!' ³⁰Aber der Verwalter wollte nicht warten und ließ ihn ins Gefängnis bringen, bis er alles bezahlt hätte.

³¹Als nun die anderen sahen, was sich da ereignet hatte, waren sie empört und berichteten es dem König. ³²Der König ließ den Mann, dem er die Schulden erlassen hatte, zu sich kommen und sagte: ‚Was bist du doch für ein hartherziger Mensch! Deine ganze Schuld habe ich dir erlassen, weil du mich darum gebeten hast. ³³Hättest du da nicht auch mit deinem Mitarbeiter Erbarmen haben können, so wie ich mit dir?' ³⁴Zornig übergab er ihn den Folterknechten. Sie sollten ihn erst dann wieder freilassen, wenn er alle seine Schulden zurückgezahlt hätte.

³⁵Das gleiche wird mit euch geschehen, wenn ihr euch weigert, eurem Bruder wirklich zu vergeben."

● Wie ist Vergebung gegenüber anderen möglich, ohne dadurch Verantwortungslosigkeit zu fördern?

● Wie gehören Gottes Vergebung und unsere Vergebung untereinander nach diesem Gleichnis zusammen? Vergeben wir anderen, *damit* Gott uns vergibt oder vergeben wir anderen, *weil* Gott uns vergibt? Welche Konsequenzen hat es, wenn wir anderen die Barmherzigkeit verweigern (V.31-34)?

● Was besagt das Gleichnis für den Umgang mit Menschen, die mir Unrecht zufügen?

  a) Man kann Gott in Sachen Vergebung nie übertreffen.

  b) Gott erwartet von mir, daß ich ein rückgratloser Softie werde.

  c) Mangelnde Bereitschaft zur Vergebung rächt sich – Gott wird dann auch auflisten, was wir ihm schulden.

  d) Nur wem vergeben ist, der weiß auch, wie man vergibt.

 ## Austausch und Gebet
(15 – 30 Minuten)

● Denken Sie an Beziehungen zu Mitmenschen, die problematisch sind. Was steht einer Versöhnung oder Vergebung im Wege? Welche Schritte können Sie gehen, um eine Versöhnung zu ermöglichen?

● In welcher Weise möchte Gott wohl, daß Sie Vergebungsbereitschaft zeigen oder seine Barmherzigkeit an andere weitergeben? Kann diese Gruppe Ihnen in einer solchen Situation helfen?

● Was hindert Sie daran, in dieser Gruppe Ihre Schwierigkeiten im Bereich der Vergebungsbereitschaft mitzuteilen und die Unterstützung im Gebet in Anspruch zu nehmen?

● Worin wünschen Sie sich die nächsten Woche hindurch die Fürbitte der anderen Teilnehmer dieser Gruppe?

Erläuterungen

Überblick und Kontext. Bereits die vorangehenden Verse 15-20 greifen die Frage von Schuld, Vergebung und Versöhnung auf. Petrus nimmt mit seiner Frage das Thema auf, und das anschließende Gespräch zwischen Petrus und Jesus führt zum Kern der Frage, warum in der Nachfolge Jesu die Vergebungsbereitschaft ohne jede Begrenzung gefordert ist.

18,21. wie oft muß ich meinem Bruder vergeben, wenn er mir Unrecht tut? Ist siebenmal denn nicht genug? Die Rabbinen lehrten, daß man einer Person wegen eines bestimmten Vergehens bis zu dreimal vergeben mußte. Danach war die geschädigte oder verletzte Person in keiner Weise verpflichtet, erneut zu vergeben. Petrus hatte erkannt, daß Jesus die Vergebungsbereitschaft wichtiger war als anderen religiösen Lehrern. Er war deshalb bereit, mehr als doppelt so oft zu vergeben als es traditionell üblich war. Die Zahl sieben wurde zudem als Zahl der Vollkommenheit betrachtet. Petrus dachte vermutlich, daß jemand, der dermaßen oft vergebungsbereit war, in Sachen Frömmigkeit nichts mehr zu wünschen übrig ließ.

18,22. Es gibt gar keine Grenze. Wörtl.: *siebzigmal siebenmal*. Der Ausdruck könnte auch mit *siebenundsiebzigmal* übersetzt werden. – Das Angebot des Petrus schien bereits großzügig; Jesus aber sprengt alle Grenzen der Vergebungsbereitschaft. Die Zahl siebenundsiebzig ist in der griechischen Übersetzung von 1Mo 4,24 zu finden. Dort rühmt Lamech, ein überaus gewalttätiger Mann, seine Rachsucht. Nach Kains Mord an Abel spricht Gott einen Fluch über diesen aus. Zugleich aber versichert Gott dem Kain, daß er jegliche Gewalttat an ihm siebenfach rächen wird (1Mo 4,15). Lamech, fünf Generationen später, verdrehte Gottes barmherziges Versprechen Kain gegenüber in eine Drohung gegen alle, die es wagen sollten, ihm zu schaden. Es werde eine siebenundsiebzigfache Rache erfolgen (1Mo 4,24). Jesus nahm dieses Motiv maßlos übersteigerter Rache auf und verwandelte es in den Anspruch grenzenloser Vergebungsbereitschaft. Wenn die Übersetzung *siebzigmal siebenmal* zutrifft, überbietet Jesus Vergebungsforderung das Rachelied noch um ein Vielfaches.

18,23-24. Matthäus schließt das Gleichnis Jesu an, um die Dringlichkeit der grenzenlosen Vergebung noch stärker zu verdeutlichen. Obwohl es eigentlich nicht im direkten Zusammenhang mit der Frage des Petrus steht („Wie oft muß ich vergeben?"), stößt es doch ins Zentrum des Themas vor. Mangel an Vergebungsbereitschaft ist für einen Jünger Jesu absolut unentschuldbar.

18,23-27. Im „ersten Akt" des Gleichnisses wird dem Leser ein König vorgestellt, dessen Verwalter ein horrendes Vermögen veruntreut hatte.

18,23. ein König. Angesichts der Summe, die im Gleichnis genannt wird und der Form der Bestrafung, kann es sich nicht um einen jüdischen König gehandelt haben. Jesus stachelt die Phantasie seiner Zuhörer an. Sie dachten wahrscheinlich an die märchenhaft reichen ägyptischen Pharaonen oder die Herrscher des persischen Großreiches.

abrechnen. Könige vertrauten die Tagesgeschäfte ihrem von Bediensteten geführten Verwaltungsapparat an. Ein solcher Verwalter hatte die königlichen Interessen in großer Eigenverantwortung zu wahren; er konnte die Oberaufsicht über zahlreiche Steuerbezirke innehaben. Bei der erwähnten Rechnungsprüfung wurde von Zeit zu Zeit untersucht, wie treu ein Verwalter seinen Pflichten nachgekommen war.

18,24. ein Millionenbetrag. Wörtl. *zehntausend Talente*. Die Summe ist nur schwer auf heutige Verhältnisse zu übertragen. Gemeint ist ein unvorstellbar hoher Betrag, etwa: Schulden in Milliardenhöhe. Herodes der Große, der zur Zeit der Geburt Jesu über Palästina herrschte, hatte „nur" ein jährliches Steueraufkommen von 900 Talenten. Den Zuhörern verschlug es vermutlich den Atem, bei dem Gedanken, daß sie eine solch phantastisch hohe Summe zu bezahlen hätten.

18,25. ihn, seine Frau, seine Kinder und seinen gesamten Besitz verkaufen. Die Schuldsklaverei war im gesamten Alten Orient üblich. In Israel war sie durch das Gesetz auf sechs Jahre begrenzt (vgl. 2Mo 21,2; 5Mo 15,12.18).

18,26. Ich will ja alles bezahlen. Dies war ein unmöglich einzuhaltendes Versprechen. Der verzweifelte Wunsch des Verwalters, sich und seine Familie zu retten, liegt völlig außerhalb seiner Möglichkeiten.

18,27. Dieser Vers läßt ins Herz blicken, nicht nur des Königs, sondern ins Herz Gottes. Die Herrscher des alten Orients galten im allgemeinen als grausame, gewalttätige und herzlose Despoten. Statt dessen ist hier von einem König die Rede, der seinem Verwalter ohne jeden Rechtsanspruch vergibt. Die überraschende Wendung in diesem Gleichnis liegt darin, daß von einem damaligen König eine solche Tat in keiner Weise zu erwarten war.

Da hatte der König Mitleid. Das gleiche Wort wird verwendet, um die Haltung Jesu gegenüber den Kranken (9,36), Hungrigen (15,32) und Blinden (20,34) zu beschreiben. Auch diese Menschen sind, wie der Verwalter, unfähig, etwas an ihrer schlimmen Lage zu ändern.

Er erließ ihm seine Schulden. Für Leser, die mit der Bedeutung von Tod und Auferstehung Jesu vertraut waren, lag hier eine offensichtliche Anspielung auf das Handeln Gottes im Kreuz Christi. Das NT spricht mehrfach von der Sünde als einer Schuld Gott gegenüber, die durch Gottes Gnade in Christus erlassen wurde (vgl. Kol 2,13-15).

Er gab ihn frei. Der Mann war jetzt frei in mehrfacher Hinsicht. Ständig mußte ihn ja zuvor die Frage gequält haben: „Was wird geschehen, wenn meine Verfehlungen ans Licht kommen?" Diese Last fiel nun von ihm ab. Keine Wiedergutmachungsleistung kettete ihn für den Rest seines Lebens an den König. Er konnte sein Leben von neuem beginnen, ohne die schreckliche Last der Vergangenheit (vgl. Röm 8,1.2).

18,28-30. Hier beginnt der „zweite Akt". Der Verwalter trifft einen anderen Mann, der ihm ein wenig Geld schuldet. Nachdem sich der Leser am Ende des ersten Teils für den Verwalter freut, muß er nun über dessen Verhalten schockiert sein.

18,28. ein kleiner Betrag. Wörtl. *Hundert Dinare.* Ein Dinar war etwa der Tageslohn eines Arbeiters. Es handelte sich zwar um einen nennenswerten Geldbetrag. Vergleicht man ihn allerdings mit der Summe, die der Verwalter dem König schuldete, verblaßt dieser Betrag zu völliger Bedeutungslosigkeit. Bei einem üblichen Tageslohn von einem Dinar mußte man etwa 15 Jahre arbeiten, um ein einziges Talent zurückzuzahlen.

28,29. Mit den gleichen Worten, die der Verwalter dem König gegenüber benutzte, verspricht nun auch der zweite Mann, seine Schulden zurückzubezahlen. War dies im Falle des Verwalters ein leeres Versprechen gewesen, so war es in diesem Fall durchaus zu bewerkstelligen. Der Verwalter hätte die Schuld auch nicht (ähnlich wie der König) einfach erlassen müssen. Ein zeitlicher Aufschub der Forderung hätte vollkommen ausgereicht.

18,30. Aber er wollte nicht warten. Dies ist die zweite Überraschung im Gleichnis. Unter Berücksichtigung der Vorgeschichte hätte man erwartet, daß der Verwalter der Schuld des anderen mit Milde begegnen wird. Die Gnade, die er selbst von Seiten des Königs erfahren hatte, hatte ihn innerlich in keiner Weise verändert. Statt dessen will er nach dem bloßen Buchstaben des Gesetzes vorgehen.

Er ließ ihn ins Gefängnis bringen. Der Besitz eines Menschen, der in Schuldgefangenschaft geriet, wurde verkauft, um einen Teil der Schulden zu begleichen.

18,31-34. Im „dritten Akt" des Gleichnisses erfährt der König von den Vorkommnissen und gerät in Zorn. Als Leser ist man unwillkürlich auf der Seite derer, die dem König die Handlungsweise des Verwalters anzeigten. Es kann kein Zweifel darüber bestehen, daß eine Bestrafung gerecht ist.

18,33. Hättest du da nicht auch mit deinem Mitarbeiter Erbarmen haben können, so wie ich mit dir? Dies ist der Hauptvergleichspunkt des Gleichnisses. Als Nutznießer der Gnade Gottes wird von den Jüngern erwartet, daß sie Dritten gegenüber vergeben. Nicht zu vergeben, ist genauso widersinnig wie die Hartherzigkeit des Verwalters im Gleichnis. Nicht zu vergeben, offenbart klar, daß man überhaupt nicht verstanden hat, was die Vergebung, die man von Gott empfangen hat, eigentlich bedeutet.

18,34. übergab ihn den Folterknechten. Der Mann wird nun bis auf den letzten Pfennig ausgequetscht.

18,35. Das Gleichnis wird auf die Hörer angewandt. Wie in 6,14.15 geht es darum, daß Gottes Vergebung unseren Umgang mit anderen, die an uns schuldig werden, formen soll. Wo dies nicht geschieht, bleibt die Rechtsforderung Gottes bestehen.

5 Das wichtigste Gebot

Das Gleichnis vom barmherzigen Samariter (Lk 10,25-37)

[25]Da stand ein Schriftgelehrter auf, um Jesus eine Falle zu stellen. „Meister", fragte er scheinheilig, „was muß ich tun, um das ewige Leben zu bekommen?" [26]Jesus erwiderte: „Was steht denn darüber im Gesetz Gottes? Was liest du dort?" [27]Der Schriftgelehrte antwortete: „Du sollst Gott, deinen Herrn, lieben mit deinem ganzen Herzen, von ganzer Seele, mit aller Kraft und deinem ganzen Verstand. Und auch deinen Mitmenschen sollst du so lieben wie dich selbst."
[28]„Richtig!" erwiderte Jesus. „Tue das, und du wirst ewig leben."

Einstieg (15 – 20 Minuten)
(Wählen Sie bitte 1 oder 2 Fragen.)

● Was muß passieren, damit Sie sich auf dem Weg zu einem wichtigen Termin aufhalten lassen?

● Wer war der beste Nachbar, den Sie je hatten? Warum schätzten Sie ihn so?

● Was geht in Ihnen vor, wenn Sie als Autofahrer einen Anhalter sehen? Halten Sie in der Regel an?

Impulse für das Gespräch (30 – 40 Minuten)

● Wer stellt in diesem Gespräch wen auf die Probe?

● Was hätten Priester oder Tempeldiener vielleicht als Grund dafür angeführt, daß sie dem Überfallenen nicht geholfen haben (vgl. Erläuterung zu V.30-32)? Halten Sie diese Begründung für akzeptabel?

● Wie haben die jüdischen Zuhörer wohl darauf reagiert, daß Jesus einen verachteten Samariter zum Helden der Geschichte macht (vgl. Erläuterung zu V. 33)? Wer wäre heute die letzte Person (oder Gruppe), die Sie sich gern als Vorbild vorhalten lassen würden?

● Das Gespräch läuft darauf hinaus, daß die Frage „Wer gehört denn zu meinen Mitmenschen?" offensichtlich falsch gestellt ist. Jesus formuliert die Frage um: „Wann handelst du als Mitmensch an dem, den Gott dir in den Weg legt?" Wie gut gelingt es Ihnen, solch ein Mitmensch zu sein? Stufen Sie sich selbst auf einer Skala von 1 (gar

[29]Aber der Mann wollte sich damit nicht zufrieden geben und fragte weiter: „Wer gehört denn zu meinen Mitmenschen? Wie ist das gemeint?"

[30]Jesus antwortete ihm mit einer Geschichte: „Ein Mann wanderte von Jerusalem nach Jericho hinunter. Unterwegs wurde er von Räubern überfallen. Sie schlugen ihn zusammen, plünderten ihn aus und ließen ihn halbtot liegen. Dann machten sie sich davon.

[31]Zufällig kam bald darauf ein Priester vorbei. Er sah den Mann liegen und ging schnell weiter. [32]Genauso verhielt sich ein Tempeldiener. Er sah zwar den verletzten Mann, aber er blieb nicht stehen, sondern machte einen großen Bogen um ihn. [33]Dann kam einer der verachteten Samariter vorbei. Als er den Verletzten sah, hatte er Mitleid mit ihm. [34]Er beugte sich zu ihm hinunter und behandelte seine Wunden. Dann hob er ihn auf sein Reittier und brachte ihn in den nächsten Gasthof, wo er den Kranken besser pflegen und versorgen konnte. [35]Als er am nächsten Tag weiterreisen mußte, gab er dem Wirt Geld und bat ihn: ‚Pflege den Mann gesund! Sollte das Geld nicht reichen, werde ich dir den Rest auf meiner Rückreise bezahlen!'"

[36]„Welcher von den dreien", fragte Jesus jetzt den Schriftgelehrten, „hat nach deiner Meinung Gottes Gebot erfüllt und an dem Überfallenen als Mitmensch gehandelt?"

[37]Der Schriftgelehrte erwiderte: „Natürlich der Mann, der ihm geholfen hat." „Dann geh und folge seinem Beispiel!" forderte Jesus ihn auf.

---

nicht) bis 10 (perfekt) ein und begründen Sie Ihre Entscheidung kurz.

1   2   3   4   5   6   7   8   9   10

● Gibt es jemanden, der für Sie in der letzten Zeit ein „guter Samariter" war? Wem können Sie in ähnlicher Weise hilfreich begegnen?

● Mit welcher Person aus dem Text können Sie sich augenblicklich am ehesten identifizieren? Mit dem Schriftgelehrten, der gerne knifflige Fragen stellt? Mit Jesus, der unter Druck steht, das Richtige zu tun oder zu sagen? Mit dem Überfallenen, der verletzt und blutend am Straßenrand liegt? Mit dem Priester oder Tempeldiener, die zu beschäftigt oder zu furchtsam sind, um zu helfen? Mit dem Samariter, der sich nicht schont, um als Mitmensch an einem Menschen zu handeln? Mit dem Wirt, der dauernd angegangen wird, für jemanden oder etwas zu sorgen?

● Warum wissen wir oft die richtige Antwort auf ein Problem (wie der Schriftgelehrte, V.27.28) und haben doch Mühe, unser Wissen umzusetzen?

 ## Austausch und Gebet
(15 – 30 Minuten)

● Fühlen Sie sich in dieser Gruppe angenommen, wie Sie sind? Wenn Sie mitten in der Nacht in einer wirklichen Klemme wären, würden Sie jemanden aus der Gruppe um Hilfe bitten? Begründen Sie Ihre Antwort kurz.

● Gibt es ein Anliegen, in dem Sie sich die Unterstützung und die Fürbitte der anderen aus dieser Gruppe wünschen?

Erläuterungen

Überblick und Kontext. Diese bekannte Geschichte wird nur im Lukasevangelium berichtet. Jesus macht mit ihr deutlich, daß die jüdischen Führer, die das Gesetz perfekt kannten, es doch nicht befolgten, weil sie keinen Blick hatten für die, die nicht in ihre religiösen Kategorien hineinpaßten.

10,25. Schriftgelehrte. Es war die Aufgabe der Schriftgelehrten, das mosaische Gesetz auszulegen und dessen Weisungen verbindlich für die Gegenwart festzulegen. Außerdem wirkten sie als Gesetzeskundige bei der Rechtsprechung mit.

um Jesus eine Falle zu stellen. Ein anerkannter Theologe stellt Scharfsinn und Einsicht des jungen Lehrers auf die Probe (Jesus besaß ja keine theologische Ausbildung). Mit seiner Frage prüft er, ob Jesus die Flut von Vorschriften kennt, die das Leben der Juden regelte, und zugleich nicht den Überblick verloren hatte. Was ist das wichtigste Gebot? Was ist das Herzstück des Gesetzes?

Was muß ich tun, um das ewige Leben zu bekommen? Die Rabbinen lehrten, daß ewiges Leben durch die strikte Einhaltung des Gesetzes erworben wurde. Dabei stellten sie oft detaillierte Anweisungen auf, was erlaubt und was verboten sei. Höchstwahrscheinlich erwartete der Schriftgelehrte eine solche Liste von Anforderungen, die er dann als Grundlage für sein Gespräch mit Jesus benutzen könnte. Jesus stand unter den Schriftgelehrten in dem Ruf, das Gesetz nicht ernst genug zu nehmen. Hier bot sich nun vielleicht eine Gelegenheit, Jesus als „Irrlehrer" zu entlarven.

10,26. Jesus stellt nicht einfach eine Gegenfrage. Er beantwortet die Frage des Schriftgelehrten, indem er sie an ihn zurückgibt: „Die Antwort auf deine Frage liegt in den Gesetzestexten, die jede Woche im Gottesdienst verlesen werden. Was liest du da?" Diese Antwort verweist auf das zentrale Bekenntnis Israels („Höre, Israel! ...", 5Mo 6,4.5), dessen zweiter Teil in V.27 zitiert wird. Der Schriftgelehrte kombiniert diese Stelle mit 3Mo 19,18, die besonders die Liebe zum Mitmenschen betont. Diese Verknüpfung findet sich auch in einer rabbinischen Schrift, was darauf hindeutet, daß es sich dabei um eine übliche Zusammenfassung des Gesetzes gehandelt haben könnte.

10,28. Jesus kommentiert die Antwort positiv. Liebe zu üben ist der Sinn des Lebens unter der Herrschaft Gottes. Jesu Nachsatz: „Tue das ..." hat im Griechischen den Klang: „Mache immer weiter so!" Der Schriftgelehrte fragt nach einem abgegrenzten, erfüllbaren Katalog von Voraussetzungen (Etwa: „Was muß ich getan haben, um ..."); Jesus weist ihn darauf hin, daß Liebe zu Gott und Menschen eine fortdauernde, permanente Lebenshaltung ist („Bleib dabei, das zu tun").

10,29. Der Gesetzeslehrer bemerkt, daß sich das Blatt gewendet hat und Jesus nun ihn auf die Probe stellt. Er versucht, wieder die Initiative an sich zu bringen und Jesus in eine Diskussion über die Bedeutung des Wortes „Mitmensch" (Nächster) im Gesetz zu verwickeln. Auf dem Hintergrund des damaligen Verständnisses des Ausdrucks war seine Frage durchaus folgerichtig. Zum Beispiel betrachtete ein Pharisäer nur einen anderen Pharisäer als seinen Nächsten. Andere religiöse Splittergruppen gingen genauso vor. Jesus hatte in Lk 6,27-36 bereits deutlich gemacht, daß das Liebesgebot überhaupt keine Grenzen kennt.

10,30. nach Jericho hinunter. Bei dieser Straße handelte es sich im wörtlichen Sinne um ein ausgesprochen gefährliches Pflaster. Auf diesem engen, verschlungenen Weg, der durch zerklüftetes Gelände führte, waren Überfälle an der Tagesordnung. Bis in unsere Zeit hinein hat diese Straße den Ruf, für Reisende gefährlich zu sein. Der griechische Grundtext sagt eindeutig, daß die Räuber ihr Opfer auszogen. Dieses Detail ist wichtig. Da die verschiedenen Volksgruppen unterschiedliche Kleidung trugen, war nun nicht mehr zu erkennen, ob es sich bei dem Opfer um einen Juden handelte oder nicht.

10,31. ein Priester. Der Priester war vielleicht nach der Zeit seines Tempeldienstes auf dem Heimweg. Viele Priester lebten in Jericho, wenn sie nicht ihren Dienst in Jerusalem versahen. Es gab mindestens einen Grund für ihn, an dem Verletzten vorbeizugehen: Er wollte sich nicht durch die Berührung eines Heiden oder Toten kultisch verunreinigen (oder auch nur den gebotenen Mindestabstand von ca. 2 m unterschreiten). Eine solche Verunreinigung direkt nach Beendigung seines Priesterdienstes wäre eine demütigende Schande gewesen. Verunreinigung galt als Bedrohung der eigenen Frömmigkeit. Sein buchstabenorientiertes Verständnis von Frömmigkeit bot ihm mehrere zwingende Gründe dafür, am besten an dem Verletzten vorbeizugehen. Er konnte sogar der Auffassung sein, daß er Gott gerade dadurch ehre, daß er sich dem Überfallenen nicht zuwendete.

10,32. ein Tempeldiener. Wörtl. *ein Levit.* Dies waren Männer aus dem Stamm Levi, die die Priester bei ihrem Dienst im Tempel unterstützten. Für sie galten nicht ganz so strikte Verhaltensregeln wie für die Priester. Vielleicht hatte sich der Tempeldiener sogar dem Verletzten genähert und mit ihm zu sprechen versucht. Wenn er ihn aber nicht als Juden (als „Nächsten") identifizieren konnte, hätte auch er sich lieber aus allem herausgehalten.

10,33. ein Samariter. Die Einführung dieser Person muß die Zuhörer völlig überrascht haben. Wenn man einen Unterschied zwischen den gesetzestreuen, religiösen Führern und der Volksfrömmigkeit verdeutlichen wollte, benutzte man zur Zeit Jesu üblicherweise den Dreischritt Priester – Levit – Jude. Alle drei könnten vom Tempelbesuch kommen. Die Hörer erwarteten als Dritten den jüdischen Laien, der sich nun richtig verhält. Jesus forderte mit dieser völligen Verdrehung der gewohnten Trias die Verachtung und den Spott der Zuhörer heraus. Es wäre etwa so, als würde er heute in Israel das „Gleichnis vom barmherzigen Palästinenser" erzählen. Jesus brachte seine Hörer in eine unangenehme Situation: Mit dem Priester und dem Leviten konnten sie sich wegen deren Lieblosigkeit nicht identifizieren. Durch ihre Verachtung der Samariter war auch der zum Schluß erwartete Ausweg scheinbar nicht vorhanden. Als Mischvolk, das heidnische Praktiken verfolgte, hatten sich die Samariter ethnisch und religiös disqualifiziert. Der Ausdruck wurde als Beleidigung benutzt für Juden, die das Gesetz nicht strikt befolgten (Joh 8,48). Die Abwertung der Samariter hatte eine lange Tradition, die bis ins Jahr 722 v.Chr., dem Jahr der Eroberung des Nordreichs Israels durch die Assyrer, zurückreicht. Zur Zeit Jesu wurde diese Verachtung allerdings dadurch erneuert, daß eine Gruppe von Samaritern den Tempel in Jerusalem entweihte, indem sie Knochen darin verstreuten. Es wurde öffentlich darum gebetet, daß die Samariter niemals ewiges Leben bekommen sollten.

Er hatte Mitleid mit ihm. Im Gegensatz zu Priester und Tempeldiener hält der Samariter von Mitleid bewegt an und beginnt zu helfen. Er kann von allen Beteiligten am wenigsten annehmen, daß der Verletzte sein Landsmann sein könnte. Dessen ungeachtet hilft er dem Mann, weil dieser in Not ist.

10,34. er behandelte seine Wunden. Wörtl.: *verband seine Wunden und goß Öl und Wein darauf.* Vermutlich dachte Jesus (und seine Hörer) bei diesen Formulierungen an Hosea 6,1-10. Dort wird bildlich beschrieben, wie sich Gott seines aufsässigen Volkes annimmt und dessen Wunden behandelt. Nicht genug damit, daß der Samariter der „Held" des Gleichnisses ist; sein Handeln wird auch noch gleichgesetzt mit dem Handeln Gottes.
Abgesehen vom medizinischen Gebrauch von Öl und Wein wurden diese auch im Gottesdienst benutzt. Hier wird vermutlich darauf angespielt, daß der Samariter mit dem Gebrauch, den er von beidem macht, den richtigen Gottesdienst begeht.

brachte ihn in den nächsten Gasthof. Das nächste Gasthaus war vermutlich in Jericho, wo Samariter nicht gern gesehen waren. Der Samariter mußte damit rechnen, daß die Juden dort ihn mit dem Überfall in Zusammenhang bringen könnten.

10,35. gab er dem Wirt Geld. Wörtl. *zwei Dinare.* Der Betrag reichte für etwa drei Wochen Betreuung. Außerdem verspricht der Samariter, zusätzlich anfallende Kosten für die Pflege des Mannes zu übernehmen. Die Räuber schlagen, berauben und lassen den Mann zurück; der Samariter verbindet, gibt Geld aus und verspricht zurückzukommen.

Wer hat als Mitmensch gehandelt? Jesus dreht die Frage des Schriftgelehrten (V.29) um. Statt sich auf die ursprüngliche Fragestellung einzulassen und abzugrenzen, wer jemandes Nächster ist (und wer nicht), weist er den Fragenden auf die großzügige und uneingeschränkte Nächstenliebe des Samariters hin. Die Frage ist nicht: „Wer ist mein Nächster?", sondern „Verhalte ich mich einem Menschen in Not gegenüber als Nächster?". Diese sichtbare opferbereite, großzügige und spontane Liebe ist es, an der sich die wahre Liebe zu Gott und zum Nächsten erweist; sie ist damit auch der Zugang zum ewigen Leben (V. 25).

Der barmherzige Samariter heute

Die folgenden Punkte sind hilfreich, wenn man das Gleichnis auf heutige Verhältnisse übertragen will.

1. Das Gleichnis macht deutlich, daß alle Versuche, sich selbst zu rechtfertigen, zum Scheitern verurteilt sind. Die „Latte" liegt zu hoch. Das ewige Leben kann man sich nicht verdienen.

2. Dennoch gibt das Gleichnis einen ethischen Standard vor, nach dem man sich auszurichten hat.

3. In der Ethik gibt es keine Patentrezepte, denen man gedankenlos folgen könnte. Selbst die bis in kleinste Details entfaltete Ethik der Pharisäer geht mit der Grundfrage der Nächstenliebe unangemessen starr um.

4. Der Samariter beweist als Außenseiter Liebe, die keine Kosten scheut. Das Gleichnis ist damit ein scharfer Angriff auf jedes Gruppen- und Rassendenken, das andere von der gebotenen menschlichen Fürsorge ausschließt.

5. Jesus lehrt, daß Liebe nicht nur gedacht oder gefühlt, sondern getan werden muß.

6. Der Begriff des Nächsten wird dynamisch verstanden. Nicht eine statische Gruppe („Wer ist mein Nächster?") ist im Blick, sondern die eigene innere Beweglichkeit, die in der Frage liegt: „Wem muß ich Nächster werden?" Und die Antwort lautet: Jedem, der in Not ist – selbst wenn er mein Feind sein sollte.

7. Gott bindet sich in seiner Souveränität nicht an eine bestimmte Gruppe. Die religiöse Führungsschicht seines Volkes etwa tut nicht automatisch das Richtige. Versagt sie, wählt sich Gott andere Personen, die sein Handeln stellvertretend verdeutlichen.

8. Im Gleichnis begegnen uns zwei Arten von Sünde oder von Sündern. Die Räuber verletzen ihr Opfer durch die Tat der Gewalt. Priester und Tempeldiener verletzen das Opfer durch die Tatenlosigkeit. Wer das Gute, das er tun könnte, unterläßt, tut damit etwas Böses.

9. Das Gleichnis veranschaulicht, was Heil ist. Der Verwundete erfährt Heil als kostspieligen Erweis unerwarteter Liebe. Man erfährt zugleich etwas über Jesus als den Heilsbringer. Er steht hinter der Figur des Samariters. Überraschend betritt auch er die Szene und heilt die Wunden der Menschheit. Er macht Gottes Handeln deutlich und ist die Personifizierung der kostspieligen und unerwarteten Liebe Gottes.

C Zeit für einen kleinen heckup

Die 7 häufigsten Kinderkrankheiten bei Kleingruppen und wie man sie überwindet.

···

Macht es Sie ein wenig nervös, in einer Kleingruppe zu sein?

SYMPTOME: Zittern Ihnen die Hände, wenn von Kleingruppen auch nur gesprochen wird. Wird Ihr Mund plötzlich trocken, wenn Sie an die Reihe kommen, etwas zu sagen oder etwa laut zu beten?

THERAPIE: Beantworten Sie die folgenden Fragen, um herauszufinden, ob eine Kleingruppe für Sie im Moment das Richtige ist. Wenn Sie mindestens siebenmal mit „Ja" antworten können, sollten Sie es mit einer Kleingruppe wagen.

1. Suchen Sie nach einer Möglichkeit, sich mit persönlichen Fragen auseinanderzusetzen?
❑ Ja ❑ Nein

2. Können Sie sich vorstellen, daß Gott für Ihr Leben etwas Besonderes bereithält?
❑ Ja ❑ Nein

3. Können Sie sich vorstellen, daß Sie Gottes Willen für Ihr Leben mit Hilfe der Bibel entdecken können?
❑ Ja ❑ Nein

4. Würden Sie zustimmen, daß Sie die Antwort auf alle Ihre Fragen an Ihr eigenes Leben, den Sinn des Daseins, Gott und die Welt noch nicht gefunden haben?
❑ Ja ❑ Nein

5. Gestehen Sie es anderen zu, Fragen an den Glauben, Gott und die Bibel zu haben?
❑ Ja ❑ Nein

6. Sind Sie bereit, in Ihrer Gruppe auch jemanden wie den „Verlorenen Sohn" zu akzeptieren, der vielleicht noch einen weiten Weg zurücklegen muß, bis er glauben kann?
❑ Ja ❑ Nein

7. Sind Sie bereit, vertraulich mit allem umzugehen, was in der Gruppe besprochen wird?
❑ Ja ❑ Nein

8. Sind Sie bereit, in der Gruppe Verantwortung zu übernehmen und andere durch Gespräch, Gemeinschaft, Gebet zu unterstützen?
❑ Ja ❑ Nein

9. Sind Sie bereit, an den Gruppentreffen für eine bestimmte Zeit (z.B. sechs oder zwölf Wochen) konsequent teilzunehmen? Danach können Sie als Gruppe über einen weiteren Zeitraum nachdenken.
❑ Ja ❑ Nein

10. Finden Sie es spannend, zu einer Gruppe zu gehören, die die Chance bietet, Ihr Leben positiv zu beeinflussen?
❑ Ja ❑ Nein

....

Sind Sie ein wenig verwirrt, was das Ziel dieser Gruppe ist?

SYMPTOME: Kommen Sie sich vor, als spielten Sie in einer Mannschaft, die noch nicht alle Regeln festgelegt hat? Oder die unterschiedliche Ziele verfolgt? Haben Sie Vorschläge, was nun wichtig wäre oder hilfreich sein könnte?

THERAPIE: Eigentlich sollten Sie sich vor Beginn der Treffen auf eine Abmachung einigen, die Ihre Ziele, Spielregeln und Erwartungen aufnimmt. Falls Sie zu Beginn der Gruppe nicht darüber gesprochen haben, sollten Sie sich nun unbedingt die Zeit nehmen, um sich auf solche gemeinsamen „Spielregeln" zu einigen.
Hier ein Vorschlag. Bitten Sie jeden, den ersten Satz zu vervollständigen. Versuchen Sie dann, die Antworten in eine Aussage zusammenzufassen, hinter der alle stehen können. Gehen Sie so alle Aussagen durch, bis Sie Ihre Gruppen-Abmachung haben.

1. Sinn und Zweck unserer Gruppe ist ...

2. Wir treffen uns ____ Mal. Danach führen wir eine gemeinsame Beurteilung der Treffen durch.

3. Wir treffen uns jeweils am _____ von ____ Uhr bis ____ Uhr.

4. Zusätzlich zu den Gesprächen über die Bibeltexte wollen wir _____

5. Wir halten uns an die folgenden Grundregeln:
    - ❑ Leiter der Treffen ist _____ , oder wir wechseln uns bei der Leitung ab.
    - ❑ Gastgeber der Treffen ist _____ , oder wir wechseln uns dabei ab.
    - ❑ Für Knabbereien oder Getränke sorgt _____ , oder wir wechseln uns dabei ab.
    - ❑ Außerdem regeln wir _____ (z.B. Kinderbetreuung).

6. Zusätzlich zu diesen Regeln halten wir uns an folgende Grundsätze:
    - ❑ **Anwesenheit:** Wir räumen den Gruppentreffen Vorrang ein.
    - ❑ **Mitarbeit:** Wir zeigen uns alle verantwortlich für die Gruppe.
    - ❑ **Verschwiegenheit:** Was in der Gruppe gesagt wird, wird streng vertraulich behandelt.
    - ❑ **Verantwortlichkeit:** Wir sind einander verantwortlich für die Ziele und Aufgaben, auf die wir uns geeinigt haben.
    - ❑ **Unterstützung:** Wir sind bereit, uns gegenseitig zu helfen bzw. um Hilfe zu bitten, wenn es nötig ist – jederzeit.
    - ❑ _____
    - ❑ _____
    - ❑ _____

Spüren Sie eine gewisse Distanz zu den anderen?

SYMPTOME: Kommt Ihre Gruppe ähnlich schwer in Gang wie ein alter VW-Käfer an einem frostigen Morgen? Bleiben sie regelmäßig irgendwie stecken, wenn es zum Bibelgespräch kommt? Kommen manche nie aus ihrem Schneckenhaus heraus?

THERAPIE: Nutzen Sie die angebotenen Fragen, um ins Gespräch zu kommen. Nehmen Sie die Fragen in „abgestufter Dosierung" (drei Stufen) zu sich: 1. EINSTIEG – diese Fragen helfen, miteinander warm zu werden, 2. Fragen zum BIBELGESPRÄCH – um über den Text ins Gespräch zu kommen, 3. Fragen zum AUSTAUSCH UND GEBET – sie sollen Ihnen helfen, nach dem Gespräch in Ihrer persönlichen Situation konkret zu werden.

1 Einstieg (15 – 20 Minuten) Beginnen Sie mit kleinen Episoden aus Ihrem Leben, mit etwas, das Sie und Ihre Persönlichkeit vorstellt, oder mit Erfahrungen, die jeden betreffen. Je lebendiger es an dieser Stelle zugeht, um so offener und besser wird in der Regel der Austausch werden.

2 Bibeltext und Gespräch (30 – 40 Minuten) Sie lesen nun den Bibeltext und wenden sich dann den Impulsen für das Gespräch zu. Die Fragen sind so gestaltet, daß sie gleichzeitig in den Text führen und zum Nachdenken über das eigene Leben anregen. Gleichzeitig dienen sie dazu, daß sich alle beteiligen können und Sie als Gruppe zusammenwachsen. Wählen Sie die Fragen aus, die für Ihre Gruppe interessant sind. Achten Sie darauf, daß genügend Zeit bleibt für AUSTAUSCH UND GEBET.

3 Austausch und Gebet (15 – 20 Minuten) Dies ist das Herzstück der Treffen. Dieser Teil des Treffens bietet jedem die Gelegenheit, eine kleine persönliche Bestandsaufnahme vorzunehmen und darüber zu sprechen, was für jeden als nächstes „dran ist". Dieser Austausch vor dem gemeinsamen Gebet verlangt ein Stück Mut zur Offenheit.

 Einstieg (15 – 20 Minuten) *z.B.*
(Wählen Sie bitte 1 oder 2 Fragen.)
- Welche Briefe öffnen Sie zuerst: Rechnungen? Behördliche Mitteilungen? Persönliche Briefe? Liebesbriefe?
- Schicken Sie jemandem, um den Sie sich sorgen, eher eine humorvolle oder eine mitfühlende Karte?

 Impulse für das Gespräch *z.B.*
(30 – 40 Minuten)
- Von wo aus schreibt Paulus? Warum? An wen schreibt er? Lesen Sie noch einmal in der Einführung besonders die Abschnitte über Abfassungsort und Anlaß.
- Wer war in Ihrem Leben als Christ Ihr persönlicher Apostel Paulus? Wer machte Sie mit Jesus Christus bekannt und förderte Ihre Entwicklung im Glauben?

 Austausch *z.B.*
(15 – 20 Minuten)
- Was würde Ihr Arzt wohl verschreiben, wenn Sie heute Ihr geistliches Leben gründlich durchchecken ließen?
- Wie kann diese Gesprächsgruppe dabei helfen, Ihre Ziele für Ihr Leben und Ihren Glauben zu erreichen?
- Worin wünschen Sie sich in der nächsten Woche die Unterstützung der Gruppe im Gebet?

C Zeit für einen kleinen
Checkup

Die 7 häufigsten Kinderkrankheiten bei Kleingruppen und wie man sie überwindet.

Macht es Sie ein wenig nervös, in einer Kleingruppe zu sein?

SYMPTOME: Zittern Ihnen die Hände, wenn von Kleingruppen auch nur gesprochen wird. Wird Ihr Mund plötzlich trocken, wenn Sie an die Reihe kommen, etwas zu sagen oder etwa laut zu beten?

THERAPIE: Beantworten Sie die folgenden Fragen, um herauszufinden, ob eine Kleingruppe für Sie im Moment das Richtige ist. Wenn Sie mindestens siebenmal mit „Ja" antworten können, sollten Sie es mit einer Kleingruppe wagen.

1. Suchen Sie nach einer Möglichkeit, sich mit persönlichen Fragen auseinanderzusetzen?
   ❑ Ja   ❑ Nein

2. Können Sie sich vorstellen, daß Gott für Ihr Leben etwas Besonderes bereithält?
   ❑ Ja   ❑ Nein

3. Können Sie sich vorstellen, daß Sie Gottes Willen für Ihr Leben mit Hilfe der Bibel entdecken können?
   ❑ Ja   ❑ Nein

4. Würden Sie zustimmen, daß Sie die Antwort auf alle Ihre Fragen an Ihr eigenes Leben, den Sinn des Daseins, Gott und die Welt noch nicht gefunden haben?
   ❑ Ja   ❑ Nein

5. Gestehen Sie es anderen zu, Fragen an den Glauben, Gott und die Bibel zu haben?
   ❑ Ja   ❑ Nein

6. Sind Sie bereit, in Ihrer Gruppe auch jemanden wie den „Verlorenen Sohn" zu akzeptieren, der vielleicht noch einen weiten Weg zurücklegen muß, bis er glauben kann?
   ❑ Ja   ❑ Nein

7. Sind Sie bereit, vertraulich mit allem umzugehen, was in der Gruppe besprochen wird?
   ❑ Ja   ❑ Nein

8. Sind Sie bereit, in der Gruppe Verantwortung zu übernehmen und andere durch Gespräch, Gemeinschaft, Gebet zu unterstützen?
   ❑ Ja   ❑ Nein

9. Sind Sie bereit, an den Gruppentreffen für eine bestimmte Zeit (z.B. sechs oder zwölf Wochen) konsequent teilzunehmen? Danach können Sie als Gruppe über einen weiteren Zeitraum nachdenken.
   ❑ Ja   ❑ Nein

10. Finden Sie es spannend, zu einer Gruppe zu gehören, die die Chance bietet, Ihr Leben positiv zu beeinflussen?
    ❑ Ja   ❑ Nein

··

Sind Sie ein wenig verwirrt, was das Ziel dieser Gruppe ist?

SYMPTOME: Kommen Sie sich vor, als spielten Sie in einer Mannschaft, die noch nicht alle Regeln festgelegt hat? Oder die unterschiedliche Ziele verfolgt? Haben Sie Vorschläge, was nun wichtig wäre oder hilfreich sein könnte?

THERAPIE: Eigentlich sollten Sie sich vor Beginn der Treffen auf eine Abmachung einigen, die Ihre Ziele, Spielregeln und Erwartungen aufnimmt. Falls Sie zu Beginn der Gruppe nicht darüber gesprochen haben, sollten Sie sich nun unbedingt die Zeit nehmen, um sich auf solche gemeinsamen „Spielregeln" zu einigen.
Hier ein Vorschlag. Bitten Sie jeden, den ersten Satz zu vervollständigen. Versuchen Sie dann, die Antworten in eine Aussage zusammenzufassen, hinter der alle stehen können. Gehen Sie so alle Aussagen durch, bis Sie Ihre Gruppen-Abmachung haben.

1. Sinn und Zweck unserer Gruppe ist ...

2. Wir treffen uns _____ Mal. Danach führen wir eine gemeinsame Beurteilung der Treffen durch.

3. Wir treffen uns jeweils am _____ von _____ Uhr bis _____ Uhr.

4. Zusätzlich zu den Gesprächen über die Bibeltexte wollen wir _____

5. Wir halten uns an die folgenden Grundregeln:
   - ❑ Leiter der Treffen ist _____ , oder wir wechseln uns bei der Leitung ab.
   - ❑ Gastgeber der Treffen ist _____ , oder wir wechseln uns dabei ab.
   - ❑ Für Knabbereien oder Getränke sorgt _____ , oder wir wechseln uns dabei ab.
   - ❑ Außerdem regeln wir _____ (z.B. Kinderbetreuung).

6. Zusätzlich zu diesen Regeln halten wir uns an folgende Grundsätze:
   - ❑ **Anwesenheit:** Wir räumen den Gruppentreffen Vorrang ein.
   - ❑ **Mitarbeit:** Wir zeigen uns alle verantwortlich für die Gruppe.
   - ❑ **Verschwiegenheit:** Was in der Gruppe gesagt wird, wird streng vertraulich behandelt.
   - ❑ **Verantwortlichkeit:** Wir sind einander verantwortlich für die Ziele und Aufgaben, auf die wir uns geeinigt haben.
   - ❑ **Unterstützung:** Wir sind bereit, uns gegenseitig zu helfen bzw. um Hilfe zu bitten, wenn es nötig ist – jederzeit.
   - ❑ _____
   - ❑ _____
   - ❑ _____

III

Spüren Sie eine gewisse Distanz zu den anderen?

SYMPTOME: Kommt Ihre Gruppe ähnlich schwer in Gang wie ein alter VW-Käfer an einem frostigen Morgen? Bleiben sie regelmäßig irgendwie stecken, wenn es zum Bibelgespräch kommt? Kommen manche nie aus ihrem Schneckenhaus heraus?

THERAPIE: Nutzen Sie die angebotenen Fragen, um ins Gespräch zu kommen. Nehmen Sie die Fragen in „abgestufter Dosierung" (drei Stufen) zu sich: 1. EINSTIEG – diese Fragen helfen, miteinander warm zu werden, 2. Fragen zum BIBELGESPRÄCH – um über den Text ins Gespräch zu kommen, 3. Fragen zum AUSTAUSCH UND GEBET – sie sollen Ihnen helfen, nach dem Gespräch in Ihrer persönlichen Situation konkret zu werden.

1 Einstieg (15 – 20 Minuten) Beginnen Sie mit kleinen Episoden aus Ihrem Leben, mit etwas, das Sie und Ihre Persönlichkeit vorstellt, oder mit Erfahrungen, die jeden betreffen. Je lebendiger es an dieser Stelle zugeht, um so offener und besser wird in der Regel der Austausch werden.

z.B.

 Einstieg (15 – 20 Minuten)
(Wählen Sie bitte 1 oder 2 Fragen.)
- ❏ Welche Briefe öffnen Sie zuerst: Rechnungen? Behördliche Mitteilungen? Persönliche Briefe? Liebesbriefe?
- ❏ Schicken Sie jemandem, um den Sie sich sorgen, eher eine humorvolle oder eine mitfühlende Karte?

2 Bibeltext und Gespräch (30 – 40 Minuten) Sie lesen nun den Bibeltext und wenden sich dann den Impulsen für das Gespräch zu. Die Fragen sind so gestaltet, daß sie gleichzeitig in den Text führen und zum Nachdenken über das eigene Leben anregen. Gleichzeitig dienen sie dazu, daß sich alle beteiligen können und Sie als Gruppe zusammenwachsen. Wählen Sie die Fragen aus, die für Ihre Gruppe interessant sind. Achten Sie darauf, daß genügend Zeit bleibt für AUSTAUSCH UND GEBET.

z.B.

 Impulse für das Gespräch (30 – 40 Minuten)
- ❏ Von wo aus schreibt Paulus? Warum? An wen schreibt er? Lesen Sie noch einmal in der Einführung besonders die Abschnitte über Abfassungsort und Anlaß.
- ❏ Wer war in Ihrem Leben als Christ Ihr persönlicher Apostel Paulus? Wer machte Sie mit Jesus Christus bekannt und förderte Ihre Entwicklung im Glauben?

3 Austausch und Gebet (15 – 20 Minuten) Dies ist das Herzstück der Treffen. Dieser Teil des Treffens bietet jedem die Gelegenheit, eine kleine persönliche Bestandsaufnahme vorzunehmen und darüber zu sprechen, was für jeden als nächstes „dran ist". Dieser Austausch vor dem gemeinsamen Gebet verlangt ein Stück Mut zur Offenheit.

z.B.

 Austausch (15 – 20 Minuten)
- ❏ Was würde Ihr Arzt wohl verschreiben, wenn Sie heute Ihr geistliches Leben gründlich durchchecken ließen?
- ❏ Wie kann diese Gesprächsgruppe dabei helfen, Ihre Ziele für Ihr Leben und Ihren Glauben zu erreichen?
- ❏ Worin wünschen Sie sich in der nächsten Woche die Unterstützung der Gruppe im Gebet?

SERENDIPITY
Lebendige Kleingruppen

Serendipity - was ist das?

Ein altes orientalisches Märchen erzählt die Geschichte von den drei Prinzen von Serendip (der alte Name für Sri Lanka), die sich auf eine Reise machten, um den Schlüssel zum Glück zu finden. Den ersehnten Schlüssel fanden sie zwar nicht, statt dessen fanden sie unterwegs, wie im Vorbeigehen, immer wieder wertvolle Dinge – Dinge, die sie eigentlich gar nicht gesucht hatten. Und am Ende war ihre Suche nach dem Schlüssel zum Glück zu einem Weg voller „unerwarteter glücklicher Entdeckungen" geworden.

SERENDIPITY – das ist die Fähigkeit, „zufällig, wie im Vorbeigehen, glückliche Entdeckungen zu machen".

3 gute Gründe

SERENDIPITY - ein zeitgemäßes und praktikables Programm für missionarischen Gemeindebau:

- Es nimmt die Bedürfnisse der Menschen nach überschaubarer Gemeinschaft, echten Beziehungen und persönlichem Gespräch ernst.
- Es berücksichtigt neueste Erkenntnisse aus Erwachsenenbildung und Gruppenpädagogik.
- Lebendige Kleingruppen sind eingebettet in die Gesamtperspektive einer missionarischen Gemeindearbeit.

Was hat das mit den Gruppen unserer Gemeinde zu tun?

So ähnlich wie den orientalischen Prinzen kann es auch den Menschen in unseren Kleingruppen ergehen: miteinander unterwegs kann man viele Schätze entdecken, die man zunächst vielleicht gar nicht vermutet oder gesucht hatte.

Welche Gruppen gibt es in Ihrer Gemeinde?

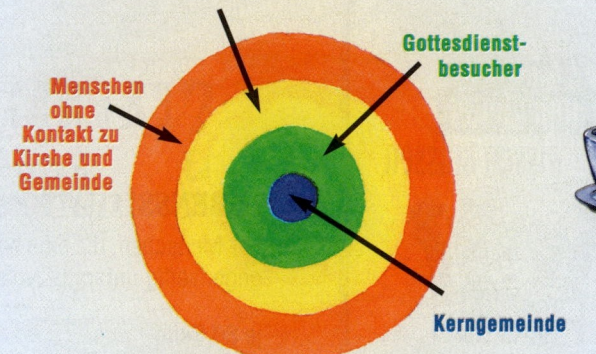

Gemeindeglieder, die selten am Gemeindeleben teilnehmen

Gottesdienstbesucher

Menschen ohne Kontakt zu Kirche und Gemeinde

Kerngemeinde

Erreichern Sie in Ihrer Gemeinde alle diese Gruppen?

Wir haben es ausprobiert. Erfahrungen aus der Praxis

DIE VISION
Menschen einen Weg vom Rand zum Zentrum zeigen

DER WEG
Gezielte Angebote für unterschiedliche Bedürfnisse

„Wir haben mit dem Heft *Mann sein* einen Versuch gestartet ... Ein Echo nach dem ersten Abend: »Das war toll, mit soviel Freude und soviel Lachen ... In diesem Kreis ist es so, daß wir weit über das hinausgehen, was Material vorgeschlagen wird. Da kommen wir auf ganz grundsätzliche Fragen ...«
Unser Tip: Anfangen! Die beste Medizin ist: Einfach mal rangehen!"
Bethlehemsgemeinde Hips

S E R E N D I P I T Y
training

Wohl eines der besten Grundlagenbücher zum Thema „ Kleingruppen". Praxis 4/96

Das Handbuch für Pfarrer, Gemeindeleiter und leitende Mitarbeiter
128 Seiten, Paperback, Format DIN A 4
DM/sFr **24,90***/öS 182,-
Best.-Nr. 190 700

Alles, was Sie wissen müssen, um
eine Kleingruppe auch ohne langjährige
Erfahrung erfolgreich zu leiten

64 Seiten, Paperback, Format DIN A 4
DM/sFr **14,90***/öS 109,-
Best.-Nr. 190 701

S E R E N D I P I T Y
start

EINE KLEINGRUPPE BEGINNEN

Gestaltungsvorschläge für sechs themen-
bezogene Treffen, in denen Gemeinschaft
entstehen und wachsen kann.

je 32 Seiten, geheftet, 16,5 x 23,5 cm
je **DM**/sFr **5,90***/öS 43,-

Mengenpreis für Endabnehmer:
Ab 10 Exemplaren **DM**/sFr **5,30***/öS 39,-

Best.-Nr. 190 711

S E R E N D I P I T Y
forum

SICH IM LEBEN ORIENTIEREN

Einander begegnen, Beziehungen vertiefen,
als Gruppe zusammenwachsen im Gespräch
über Lebensfragen und biblische Texte.

je 64 Seiten, geheftet, 16,5 x 23,5 cm
je **DM**/sFr **8,90***/öS 65,–

Mengenpreis für Endabnehmer:
Ab 10 Exemplaren **DM**/sFr **7,90**/öS 58,-

Best.-Nr. 190 721

S E R E N D I P I T Y
konkret

LEBENSSITUATIONEN, DIE UNS FORDERN

Für Menschen, die eine besondere Lebenssituation verbindet, die sich
gegenseitig unterstützen und neue Perspektiven entdecken möchten.

je 80 Seiten
geheftet
16,5 x 23,5 cm
je **DM**/sFr **9,90***
öS 72,–

**Mengenpreis
für Endabnehmer:**
Ab 10 Exemplaren
DM/sFr **8,90**
öS 65,-

Best.- Nr. 190 751

Best.- Nr. 190 752

Best.-Nr. 190 712

Best.-Nr. 190 713

Best.-Nr. 190 714

Best.-Nr. 190 722

Best.-Nr. 190 723

Best.-Nr. 190 724

Best.-Nr. 190 725

Best.-Nr. 190 726

SERENDIPITY
bibel

GEMEINSAM DEN GLAUBEN VERTIEFEN

Ausgewähltes Bibelstudienmaterial
für Kleingruppen. Erläuterungen
zum Text und Gesprächsimpulse
regen an, die größeren biblischen
Zusammenhänge kennenzulernen
und mit der eigenen Lebenserfahrung
zu verbinden.

je 80 Seiten, geheftet, 16,5 x 23,5 cm
DM/sFr **10,90***/öS 80,-

Mengenpreis für Endabnehmer:
Ab 10 Exemplaren
DM/sFr **9,90***/öS 72,-

Best.-Nr. 190 782

Best.-Nr 190 783

Best.-Nr. 190 781

Best.-Nr. 190 784

* = unverbindliche Preisempfehlung

SERENDIPITY
trend

FÜR TEENKREISE, JUGENDGRUPPEN, JUNGE ERWACHSENE

Das Kursmaterial zu Themen, die Jugendliche bewegen, leitet an zu einem offenen, unverkrampften Gespräch anhand ausgewählter biblischer Texte.

Best.-Nr 190 811

Best.-Nr 190 812

Best.-Nr 190 813

je 48 Seiten, geheftet
16,5 x 23,5 cm
je **DM**/sFr **7,90***/öS 58,-

Mengenpreis für Endabnehmer:
Ab 10 Exemplaren
DM/sFr **7,10***/öS 52,-

Ein zukunftsweisendes Instrument für den Gemeindeaufbau

SERENDIPITY Lebendige **Kleingruppen**

Nutzen Sie die Gelegenheit, die Chancen von Serendipity für Ihre Gemeindearbeit kennenzulernen. Der **Arbeitskreis Serendipity** bietet an:

1. Informationstage für Gemeindeleiter,
Pfarrer, Verantwortliche für Kleingruppenarbeit und alle Interessierten.

2. Schulungen für Kleingruppenleiter
geeignet für Leiter von Hauskreisen oder Gesprächsgruppen und solche, die es werden möchten. Gern beraten wir Sie gezielt im Blick auf die Situation in Ihrer Gemeinde. Wenn Sie mehr wissen möchten, wenden Sie sich an:

Deutschland:
Arbeitskreis Serendipity
Husumer Str. 10
D - 27777 Ganderkesee
Tel. 0 42 21 / 40 97 8
Fax 0 42 21 / 40 88 5

Arbeitskreis Serendipity
Am unteren Rain 2
D - 35394 Gießen
Tel. 06 41 / 97 51 80
Fax 06 41 / 97 51 840

Schweiz:
Arbeitskreis Serendipity
Flugplatzstr. 5
CH - 8404 Winterthur
Tel. 052 / 245 14 45
Fax 052 / 245 14 46

Österreich:
Arbeitskreis Serendipity
Mitterweg 4, A - 4522 Sierning
Tel. 072 / 59 28 72
Fax 072 / 59 28 72 4

Das neue Startpaket zum Kennenlernen

1 Expl. Was Gruppenleiter wissen müssen
1 Expl. *start:* Alles klar ?
1 Expl. *trend:* Voll dabei
1 Expl. *forum:* Das steht fest
1 Expl. *konkret:* Kleine Kinder, kleine Sorgen?

Kennenlernpreis DM/sFr 39,-* / öS 285,-
statt einzeln DM 47,50
Best.-Nr. 190 802

MEINE BESTELLUNG   *Hiermit bestelle ich:*

Stück	Best.-Nr.	Autor	Titel
	190 802		Das neue Startpaket

Name.....................................

Straße....................................

PLZ/Ort..................................

Datum....................................

Unterschrift............................

Serendipity-Material erhalten Sie bei:

BRUNNEN VERLAG   35331 GIESSEN   Preisänderungen vorbehalten Bestellschein bitte ausfüllen, in einen Umschlag stecken und an obige Adresse schicken!

Sind Sie manchmal eingeschüchtert durch das Bibelwissen anderer?

SYMPTOME: Finden Sie es peinlich, daß Sie wenig über den Glauben und die Bibel wissen? Wird es Ihnen flau im Magen, weil Sie Melchisedek für einen Marathonläufer aus Kenia halten?

Die Klagelieder??...
äh...Augenblick mal

THERAPIE: Nur nicht verzweifeln! Die meisten in Ihrer Gruppe kennen ihn vermutlich auch nicht. Und das ist auch gut so. Die Gesprächskreise sind ja gerade für „Anfänger". Deshalb gibt es die Erläuterungen zu Einzelheiten des Textes am Ende.

Die Erläuterungen enthalten:

- ❑ Definitionen wichtiger Begriffe;
- ❑ Hintergrundwissen zu politischen, sozialen oder wirtschaftlichen Zusammenhängen;
- ❑ geographische Hinweise zum Ort des Geschehens;
- ❑ Kulturelle Informationen über Lebensart und -umstände, Bräuche, Feste, Traditionen und Sitten;
- ❑ archäologische Erkenntnisse über neuzeitliche Funde, die für das Textverständnis wichtig sind;
- ❑ Zusammenfassungen/Kommentare: Sie fassen verschiedene Gesichtspunkte kurz zusammen, um die Zielrichtung eines Textes herauszustellen.

Ich bete für euch

[3]Immer bin ich meinem Gott dankbar, wenn ich an euch denke, [4]und das tue ich in jedem meiner Gebete mit großer Freude. [5]Denn ihr habt euch vom ersten Tag an bis heute mit mir für das Evangelium eingesetzt. [6]Deshalb bin ich auch ganz sicher, daß Gott sein Werk, das er bei euch durch den Glauben begonnen hat, zu Ende führen wird, bis zu dem Tag, an dem Jesus Christus wiederkommt.

Erläuterungen

1,3. Immer ... wenn ich an euch denke. Dieser Satz ist im Deutschen schwer wiederzugeben. Es ist wohl gemeint, daß Paulus während seines Gebets das Bedürfnis empfand, die Gemeinde in Philippi in sein Gebet einzuschließen. Das bedeutet, daß Paulus Gott nicht nur gelegentlich für die Gemeinde in Philippi dankte, wie es ihm gerade in den Sinn kam, sondern daß er dies regelmäßig tat

1,4. mit großer Freude. Freude ist das Hauptthema des Philipperbriefes. Das Wort „Freude" erscheint mehr als zwölfmal in diesem kurzen Brief.

Sind Sie versucht, lieber unter sich zu bleiben?

SYMPTOME: Sie haben zwei Einwände gegen die Vorstellung, die Gruppe zu vergrößern: 1. Jeder „Neue" würde die Offenheit und Nähe stören, die inzwischen unter Ihnen entstanden ist. 2. Je mehr Leute dazukommen, desto weniger Zeit bleibt für jeden einzelnen und für den Austausch.

THERAPIE: Beschäftigen Sie sich mit der Lebensweise Jesu und der ersten Christen. Was erfahren Sie über die Notwendigkeit von Nähe und über die Gefahren von Verschlossenheit? Wie reagierte Jesus, als seine Jünger mit ihm allein auf dem Berg bleiben wollten, auf dem sie eine besondere Offenbarung erfahren hatten (vgl. Mk 9,2-13)?

Therapieschritt 1: Stellen Sie während der nächsten Gebetszeit bewußt einen leeren Stuhl in die Mitte. Beten Sie dafür, daß Gott eine/n neue/n Teilnehmer/in zur Gruppe führt und der Stuhl beim nächsten Treffen besetzt ist.

Therapieschritt 2: Wenn sie sieben oder mehr Personen in der Gruppe sind, teilen Sie sich zum Bibelgespräch in Vierergruppen auf, bei jedem Treffen in anderer Zusammensetzung. So bleibt das Gespräch lebendig, auch wenn die Gruppe größer wird.

Ablauf der Treffen bei einer Aufteilung in Vierergruppen

Einstieg
Große Runde

Einige Minuten zum Ankommen und „Warmwerden". Einteilung der Kleingruppen.

Bibelgespräch
Vierergruppen

Für das Gespräch über den Bibeltext bilden Sie Vierergruppen.

Austausch
Große Runde

Die ganze Gruppe trifft sich wieder zum Gespräch über persönliche Fragen und zum Gebet.

Finden Sie es allmählich langweilig in Ihrer Gruppe?

SYMPTOME: Sie sind schon müde, bevor das Treffen beginnt; am Ende ist es noch schlimmer. Der Austausch ist „verkopft". Einer fehlt schon zum dritten Mal hintereinander, der andere kommt ständig zu spät. Eigentlich denken Sie, daß Sie Ihre Zeit sinnvoller verbringen könnten, aber Sie trauen sich nicht, das laut auszusprechen.

THERAPIE: Vermutlich hat Ihre Gruppe eine „Midlife-Krise". Hier drei Therapieangebote:

1. Nehmen Sie als Gruppe eine „Auszeit" vom vorgesehenen Programm und sprechen Sie über Ihre Abmachungen vom Beginn. Haben Sie Ihre Ziele noch im Blick? Halten Sie sich noch an die Spielregeln? Sollten Sie vielleicht besser die eine oder andere Regel streichen oder neue aufnehmen?

2. Überprüfen Sie, ob Ihre Gruppe eine Schlagseite oder ein Defizit hat. Besteht noch ein Gleichgewicht zwischen den drei Elementen einer gesunden Gruppe? 1.Nahrung: Gespräch über Bibeltexte und Glaubensfragen. 2.Gegenseitige Unterstützung. 3. Auftrag, gemeinsame Aufgabe. Überprüfen Sie die Lage mit folgendem Test.
    Wo steht Ihre Gruppe auf einer Skala von 1 bis 10? Kringeln Sie die entsprechende Zahl bitte ein.

    NAHRUNG/GESPRÄCH: Wir lernen die Bibel besser kennen. Wir geben Gott die Möglichkeit, über seine Pläne mit uns zu sprechen.
    Wir schaffen das
    MISERABEL 1   2   3   4   5   6   7   8   9   10   GROSSARTIG

    UNTERSTÜTZUNG: Wir lernen uns gegenseitig besser kennen. Wir kümmern uns umeinander und suchen miteinander nach dem besten Weg für jeden einzelnen.
    Wir schaffen das
    MISERABEL 1   2   3   4   5   6   7   8   9   10   GROSSARTIG

    AUFGABE: Wir erreichen Menschen, die mit Ihren Fragen allein sein. Wir sind offen dafür, andere in die Gruppe hineinzunehmen oder unterstützen eine andere Gruppe beim Start.
    Wir schaffen das
    MISERABEL 1   2   3   4   5   6   7   8   9   10   GROSSARTIG

3. Überlegen Sie, ob es vielleicht Zeit ist, die Gruppe aufzulösen. Nehmen Sie sich Zeit für ein kleines Fest. Geben Sie jedem die Möglichkeit zu äußern, was ihm/ihr die Gruppe bedeutet und ob es richtig erscheint, sich weiter zu treffen oder lieber andere Wege zu suchen.

Können Sie es kaum erwarten, endlich etwas Konkretes zu tun?

SYMPTOME: Sie sind es müde, nur herumzusitzen und die Bibel zu lesen. Sie haben Freunde, denen es wirklich schlecht geht und die Hilfe brauchen. Gott scheint etwas zu sagen, aber es ist Ihnen nicht ganz klar, was er meint.

THERAPIE: Überlegen Sie miteinander, ob Sie sich nicht teilen und eine zweite Gruppe bilden sollten. Hier einige mögliche Schritte:

1. Sammeln Sie in der Gruppe alle Gedanken, die Ihnen zu den folgenden Sätzen in den Sinn kommen. Gehen Sie reihum, wenn es „kreuz und quer" nicht richtig „sprudeln" will. Beginnen Sie mit dem ersten Teilsatz.
   Ich mache mir Gedanken über ... (z.B. eine bestimmte Gruppe von Menschen: Alkoholkranke, alleinerziehende Mütter/Väter, Eltern von Teenagern, meine Arbeitskollegen, junge Ehepaare, kinderlose Paare ...)
   Ich wünschte, ich könnte ...
   Ich wäre bereit, ...

2. Machen Sie eine Liste von Personen (z.B. Randsiedler Ihrer Gemeinde oder völlig gemeindeferne Menschen), die Sie gerne einmal einladen würden, um eine zwanglose Möglichkeit zu haben, über Ihren Bibelkreis zu informieren und zu erzählen, was Ihnen dieser Kreis bedeutet.

3. Schreiben Sie jedem der Menschen auf Ihrer Liste eine Einladung auf Ihrem besten Briefpapier.

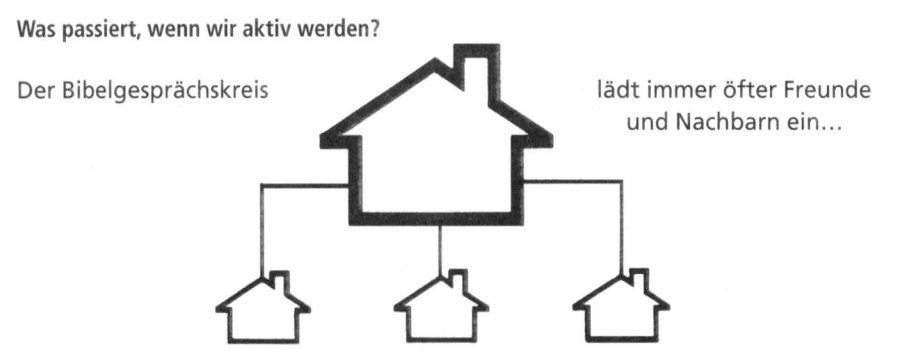

Was passiert, wenn wir aktiv werden?

Der Bibelgesprächskreis   lädt immer öfter Freunde und Nachbarn ein...

... diese interessieren sich für die Leute und die Themen. Der Kreis wächst und muß sich teilen. Die „alten Hasen" übernehmen die Leitung und helfen den neuen Teilnehmern. Man trifft sich noch ab und zu im Gesamtkreis zu besonderen Anlässen.

6 Was im Leben zählt

Der arme Reiche (Lk 12,13-21)

[13]Da rief einer aus der Menge: „Herr, sage doch meinem Bruder, er soll unser Erbe gerecht mit mir teilen." [14]Aber Jesus wies ihn zurück: „Bin ich etwa euer Richter oder Schiedsmann?" [15]Dann wandte er sich an alle: „Hütet euch vor der Habgier! Wenn jemand auch noch soviel Geld hat, das Leben kann er sich damit nicht kaufen."
[16]An einem Beispiel erklärte er seinen Zuhörern, was er damit meinte: „Ein reicher Gutsbesitzer hatte eine besonders gute Ernte. [17]Er überlegte: ‚Wo soll ich bloß alles unterbringen? Meine Scheunen sind voll; da geht nichts mehr rein.' [18]Er beschloß: ‚Ich werde die alten Scheunen abreißen und neue bauen, so groß, daß ich das ganze Getreide, ja alles, was ich habe, darin unterbringen kann. [19]Dann will ich mich zur Ruhe setzen. Ich habe für lange Zeit ausgesorgt. Jetzt lasse ich es mir gut gehen. Ich will gut essen und trinken und mein Leben genießen!' [20]Aber Gott sagte zu ihm: ‚Du Narr! Noch in dieser Nacht wirst du sterben. Was bleibt dir dann von deinem Reichtum?' [21]So wird es allen gehen, die auf der Erde Reichtümer sammeln, aber mit leeren Händen vor Gott stehen."

Einstieg (15 – 20 Minuten)
(Wählen Sie bitte 1 oder 2 Fragen.)

● Was haben Sie in Ihrer Kindheit gesammelt? Briefmarken, Stofftiere, Spielzeugautos oder …? Was war der besondere Reiz an Ihrer Sammeltätigkeit?

● Welche drei Dinge würden Sie bei einem Brand aus Ihrer Wohnung retten, nachdem Menschen und Haustiere in Sicherheit sind?

● Wenn es um Geldangelegenheiten geht, was für ein Typ sind Sie: ein sorgloser Konsument, ein bedächtiger Sparer oder ein großzügiger Spender?

Impulse für das Gespräch (30 – 40 Minuten)

● Was war das Problem des Reichen im Gleichnis? Was war seine Lösung?

● In der jüdischen Tradition wurde Reichtum als Gabe Gottes angesehen, die zum Wohl anderer eingesetzt werden sollte. Wie haben wohl demnach die Hörer auf den Plan in V.19 reagiert? Was halten Sie von den Plänen des Reichen?

● Warum ist Gottes Antwort an den Reichen so schroff? Weil Gott kein Verständnis für Menschen hat, die nur an sich selbst denken? Weil Gott mit den Armen so viel Mitleid hat? Weil Gott eifersüchtig ist auf andere Götter (wie den Reichtum)? Weil Gott den Mann dazu bringen wollte, mit seinem Besitz weiser umzugehen?

- Was bedeutet es, vor Gott „mit leeren Händen dazustehen" (V.21)? Welche „Vermögensbilanz" vor Gott würden Sie im Augenblick für Ihr Leben ziehen?

- Wie würde wohl Jesu Warnung vor der Habgier für unsere Gesellschaft aussehen? Was bedeutet die Aussage Jesu, daß man „sich das Leben nicht kaufen kann" (V.15), für Ihr Leben?

- Wie bringen Sie die Aussagen an dieser Stelle in Einklang mit der biblischen Mahnung, für die Bedürfnisse der Familie Vorsorge zu treffen (z.B. 1Tim 5,8)? Welche Auswirkungen hat der Wunsch, vor Gott „nicht mit leeren Händen dazustehen" in Fragen der Geldanlage, der Altersversorgung oder des Grundbesitzes? Wie gehen Sie damit um?

 ## Austausch und Gebet
(15 – 30 Minuten)

- Wie sieht Ihre Lebenssituation augenblicklich aus? Bersten die Scheunen, ist alles gähnend leer oder stehen Sie irgendwo dazwischen?

- Gibt es etwas, worauf Sie sich bei den Gruppentreffen immer besonders freuen?

- Für welche Anliegen wünschen Sie sich die Unterstützung und das Gebet dieser Gemeinschaft?

Erläuterungen

Überblick und Kontext. Während Jesus im vorhergehenden Abschnitt die Jünger dazu anhält, „sich vor Scheinheiligkeit zu hüten", warnt er sie mit diesem Gleichnis: „Hütet euch vor der Habgier!" Die materielle Sicherheit kann auch bei den Nachfolgern Jesu einen falschen Stellenwert erlangen.

12,13. Herr. Wörtl. *Rabbi*. Als Männer, die im Gesetz Gottes zu Hause waren, wurden Rabbiner oft in Rechtsstreitigkeiten zu Rate gezogen.

das Erbe teilen. Wenn ein Vater starb, vermachte er seinen Söhnen seinen Besitz in der Hoffnung, daß sie diesen zusammenhielten. Wenn die Söhne aber nicht „in Frieden zusammen leben" konnten (Ps 133,1), war es möglich, den Besitz auf dem Rechtsweg zu teilen. Augenscheinlich konnten sich hier die beiden Brüder nicht einigen, ob oder wie zu teilen sei.

12,14. Jesus wies ihn zurück. Wörtl. *Mensch! Bin ich etwa...* Heute würde man etwa sagen: „Mensch, Kerl, bin ich etwa ..." Jesus zeigt deutlich seinen Unmut über dieses Ansinnen des Fragestellers.

Bin ich etwa euer Richter? Jesus weigert sich, sich als Werkzeug gebrauchen zu lassen, mit dem der Fragesteller seine Habgier befriedigt. Statt sich als Schiedsrichter auf eine Seite ziehen zu lassen, deckt Jesus die Motive beider Brüder auf. Zwar sprach der Bittende von Gerechtigkeit, hatte aber dabei lediglich seinen gerechten Anteil des Erbes im Blick. Durch Versöhnung mit seinem Bruder wieder in das gerechte Verhältnis zu ihm zu kommen, war überhaupt nicht sein Verlangen. Gerechtigkeit in dieser verkürzten Form war für Jesus nicht von Interesse.

12,15. Habgier. Wörtl. *Immer Durst nach mehr.* Jesus nennt unverblümt den wahren Grund hinter dem Gerede von Gerechtigkeit.

Leben. Das griechische Wort *zoe* steht nicht einfach für das biologische Leben, sondern mehr für die Lebensqualität. Damals (wie auch heute) dachte man, persönliches Glück oder Wohlbefinden hinge vom Besitz ab. Jesus weist dies schlichtweg als falschen Maßstab zurück.

12,16-20. Das Gleichnis illustriert die Aussage von Vers 15. Die Verse 16 und 17 machen zunächst das Problem des Reichen deutlich.

12,16. Der griechische Text drückt aus, daß der umfangreiche Landbesitz des Gutsbesitzers reiche Frucht getragen hatte. Zugleich wird damit versteckt gesagt, daß es sich eben um (Ernte-)Segen handelte, also nicht um etwas, das er verdient oder erarbeitet hatte. Dieser Reichtum fiel ihm als besondere Gabe von Gott zu.

eine besonders gute Ernte bringen. Das griechische Wort *euphoreo* kommt im NT nur hier vor. Es gehört zu einem Wortspiel. Die reiche Ernte veranlaßt ihn, zu sagen: genieße das Leben (*euphrainou*, V.19). Gott aber tadelt ihn: Du, Narr (*aphron*, V.20)!

Er überlegte. Wörtl. *er überlegte bei sich selbst.* Dies ist ungewöhnlich. Normalerweise wäre diese Situation des Überflusses Gegenstand langer Gespräche und Überlegungen mit den anderen Männern im Ort gewesen. Der Reiche hat sich also bereits von den anderen distanziert. Er ist allein mit sich und seinem Reichtum.

12,18-19. Der Mann häuft seinen Reichtum einfach auf, um ihn zu genießen.

12,18. abreißen und neue bauen. Die Wortwahl erinnert an die Sprache mancher alttestamentlicher Propheten. Durch sie hatte Gott immer wieder verkündet, daß er sein Volk wegen seiner Mißachtung des Rechts und seinem Abfall vom Gesetz Gottes wie ein baufälliges Gebäude einreißen werde und an seiner Stelle einen neuen, heiligen und gerechten Bau errichten werde (z.B. Jes 61,4-7). Hier wird nur eingerissen, um das alte Ziel in alter Art und Weise weiterzuverfolgen.
Daß bei diesem bereits reichen Mann überhaupt neue Scheunen nötig werden, betont noch einmal die wundersame Größe der Ernte.

das ganze Getreide, ja alles, was ich habe, darin unterbringen. Bis zu diesem Punkt konnten die Zuhörer davon überzeugt sein, daß sie es mit einem von Gott gesegneten Mann zu tun hatten. Auch die Tatsache, daß er alles einlagert, ist nicht verwerflich, sondern erinnert an die Geschichte aus der Zeit der Vorväter Israels. Joseph sammelte sieben Jahre die besonders guten Erträge Ägyptens, um das Land damit durch eine drohende Hungerszeit zu retten (1Mo 41,33-57).

Es ist nichts daran auszusetzen, die Ernte der „fetten Jahre" als Gottes Vorsorge für die „mageren Jahre" seines Volkes zu speichern. In der Wortwahl („alles was ich habe", wörtl. *mein Getreide und meine Güter*) wird auch hier bereits angedeutet, daß der Reiche diese Perspektive aber nicht hat.

12,19. gut essen, trinken und mein Leben genießen. Hier nimmt Jesus ein geflügeltes Wort der epikureischen Philosophie seiner Zeit auf (vgl. 1Kor 15,32, auch schon im AT: Jes 22,12-14). Sie sah den Sinn des menschlichen Lebens im Genuß. Die jüdische Ethik lehnte diese Lehre wegen ihres Mangels an Verantwortung Gott und dem Mitmenschen gegenüber ab. Jesus führt das Zitat nicht zu Ende („... denn morgen sind wir tot"), sondern zeichnet den Reichen als ganz in der trügerischen Hoffnung auf lange Jahre gesicherten Genusses gefangen. An diesem Punkt ist nun allen Hörern klar, daß es ein Ende mit Schrecken geben muß. Der Mann kümmert sich kein bißchen um Gott, sondern lebt wie ein Heide. – Paulus spiegelt die Einstellung jüdischer Ethik wieder, wenn er den Sinn der Arbeit darin angibt, zuerst für die Stillung der eigenen Bedürfnisse zu sorgen und die der Familie (2Thes 3,7-12), sodann fähig zu sein, denen zu geben, die in Not sind (Eph 4,28). Im Buch Sirach (eines der apokryphen Bücher des AT) heißt es: „Wohl dem Reichen, der untadelig geblieben ist und nicht das Geld sucht! Wo ist der? So wollen wir ihn loben; denn er tut große Dinge unter seinem Volk" (31,8.9).
Der Reiche im Gleichnis ist im Übermaß versorgt. Deshalb wäre der richtige Speicherplatz für seine Güter eher in den Mägen der Hungrigen, in den Häusern der Witwen oder den Mündern der unversorgten Waisen gewesen. Er erkennt nicht, daß ihm die Überfülle für andere anvertraut ist. Letztlich verkennt er auch, daß ihm ja sein ganzes Leben als ein Vermögen anvertraut ist, für das er Gott Rechenschaft ablegen muß (V.20).

12,20. Während sich das ganze Gleichnis nur um den Reichen gedreht hat, hat Gott nun das letzte Wort. Die Endgültigkeit dieses Gerichtswortes Gottes macht nur um so deutlicher, wie sinnlos es ist, sein ganzes Streben auf den Erwerb von Besitz und Genuß zu richten.

Du Narr. Die Bibel nennt den einen Narren, der sein Leben lebt, ohne nach Gott zu fragen.

Noch in dieser Nacht wirst du sterben. Wörtl. *Dein Leben wird von dir gefordert werden.* Der Ausdruck *fordern* stammt aus der Finanzwelt. Er bezeichnet die Rückforderung eines Darlehens. Das Leben des Mannes war, wie sein ganzer Besitz, eine Leihgabe. Nun verlangt Gott Rechenschaft für den Umgang damit.

Was bleibt dir dann von deinem Reichtum? Wörtl. *wem wird gehören, was du bereitet hast.* Dies kann auf zweierlei Weise verstanden werden. 1. Es wird ausgesagt, wie unsinnig es ist, für den materiellen Besitz zu leben. Über die Schwelle des Todes kann nichts von dem mitgenommen werden, woran man sich ein Leben lang gehängt hat. 2. Es wird betont, daß der Reiche sich isoliert hat. Durch die Konzentration auf den Reichtum hat er sich seiner Freunde oder Familie entfremdet. Niemand steht ihm mehr nahe, dem er seinen Besitz vererben könnte. Habgier verhindert enge menschliche Beziehungen.

So wird es allen gehen. Jesus betont die Gültigkeit des Gleichnisses für all seine Zuhörer. Wer ausschließlich damit beschäftigt ist, materielle Vorsorge für die Zukunft zu treffen, verfehlt das Leben mit Gott und entfremdet sich auch von seinen Mitmenschen.

mit leeren Händen vor Gott stehen. Wörtl. *im Blick auf Gott nicht reich sein.* Einige Verse später (V.33) wird klar, daß dies z.B. durch großzügige Hilfe an denen geschieht, die in Not sind. Wer Jesus nachfolgt, kann loslassen und weggeben. Er weiß, daß alles, was er hat und was er braucht, von Gott kommt. Selbst wenn kein Überfluß vorhanden ist, klammert er sich nicht an seinen Besitz.

Das gute Leben
Richard Trench

Die Aussage Jesu steht in schockierendem Kontrast zum üblichen Lebensstil der modernen westlichen Gesellschaft, die sich unempfindlich macht gegenüber den Nöten des Lebens und der Realität des Todes. Man betäubt sich mit der Lüge, daß der materielle Besitz der oberste Maßstab für den Wert eines Menschen und für sein Glück sei. Diese Einstellung spiegelt ein Plakat, das ich in einer Schulbuchhandlung sah. Am oberen Rand standen fett die Worte: Warum ein Studium? Darunter befanden sich sechs kleine Bilder: ein Mercedes, ein Privatjet, ein Bungalow, ein Ferienhaus, eine Tafel mit exquisitem Wein und teure Kleidungsstücke. Am unteren Rand des Posters befanden sich die Worte: „Warum nicht?" Das heißt: Mit höherer Bildung wird also nur die Möglichkeit verbunden, sich mit den Wahrzeichen eines luxuriösen Lebens zu umgeben. „Wenn du schon in einer Konsumgesellschaft lebst, dann versuche wenigstens, an der Spitze zu stehen."

Das Problem ist nicht neu. Schon im 4. Jahrhundert schrieb der Kirchenvater Augustin zu diesem Gleichnis: „Gott wünschet nicht, daß du deinen Reichtum verlieren sollest; wohl aber, daß du den Ort, da dein Reichtum sich befindet, ändern mögest ... Gesetzt den Fall, dein Freund betritt dein Haus, und findet, daß du dein Obst auf dem feuchten Kellerboden lagerst. Und er weiß, daß dein Obst bald verderben wird; du aber bist unwissend, so daß er zu dir spricht: ‚Bruder, du wirst verlieren, was du mit großer Mühe angehäuft hast. Du hast es an einem feuchten Ort gelagert und in wenigen Tagen wird es verderben. Lagere sie weiter oben.' Wie kannst du auf deinen Bruder hören, der dir rät, dein Obst an einem höher gelegenen Ort zu lagern, aber du hörst nicht auf Christus, der dir rät, deinen Schatz von der Erde in den Himmel zu heben. Und nicht wird dir nur wieder der Schatz zuteil werden, den du abgelegt hast. Du wirst die Erde ablegen, aber den Himmel empfängst du. Lege also ab, was vergänglich ist, damit du empfangen mögest, was ewig ist."

7 Die große Einladung

Das Gleichnis vom Festessen (Lk 14,15-24)

[15]Als einer von den Gästen das hörte, rief er: „Was für ein Glück muß das sein, zu Gottes Fest eingeladen zu werden!" [16]Jesus antwortete mit einer Geschichte: „Ein Mann bereitete ein großes Festessen vor, zu dem er viele Gäste einlud.
[17]Als alles fertig war, schickte er seinen Boten zu den Eingeladenen: ‚Alles ist vorbereitet, kommt!' [18]Aber niemand kam. Jeder hatte auf einmal Ausreden.

Einstieg (15 – 20 Minuten)
(Wählen Sie bitte 1 oder 2 Fragen.)

● Was war das schönste Fest, das Sie je erlebt haben? Warum war es so schön?

● Wie reagieren Sie, wenn jemand Ihre Einladung zum Essen, zu einer Feier o.ä. ablehnt?

● Haben Sie schon einmal erlebt, daß ein feierlicher Anlaß ganz anders verlief als geplant (z.B. Schulabschlußfeier, Hochzeitsfeier, Klassentreffen o.ä. ...)? Was geschah? Wie reagierten Sie?

Impulse für das Gespräch (30 – 40 Minuten)

● Der in Vers 15 erwähnte Gast reagiert mit seiner Bemerkung auf das, was Jesus im Abschnitt zuvor gesagt hatte (vgl. die Erläuterungen zum Kontext und zu V. 15). Er zitiert eine allgemein anerkannte Auffassung der Juden. Wen erwartet dieser Sprecher wohl beim Festmahl Gottes anzutreffen? Welche Reaktion erwartet er von Jesus?

● Warum waren die Gründe, die für die Absagen genannt wurden, unverzeihliche Beleidigungen (vgl. die Erläuterungen zu V.18-20)? Wie würden Sie reagieren, wenn jemand nicht nur Ihre Einladung ausschlägt, sondern das auch noch mit einer Beleidigung verbindet?

● Wer sind die Bettler, Krüppel, Lahmen und Blinden, die schließlich die leeren Plätze einnehmen sollen (V.21-23)? Verlierer und Ausgestoßene? Menschen, die Sehnsucht haben nach Sinn und Erfüllung in ihrem Leben? Heiden, die ursprünglich nicht zum Volk Gottes gehörten? Alle, die wissen, daß sie Gottes Gnade nicht verdienen können? ...

Einer sagte: ‚Ich habe ein Grundstück gekauft, das muß ich unbedingt besichtigen. Bitte entschuldige mich!'
¹⁹Ein anderer: ‚Es geht leider nicht. Ich habe mir fünf Gespanne Ochsen angeschafft. Die muß ich jetzt ansehen!'
²⁰Ein dritter entschuldigte sich: ‚Ich habe gerade geheiratet. Du wirst verstehen, daß ich nicht kommen kann.'
²¹Der Bote kehrte zurück und berichtete alles seinem Herrn. Der wurde sehr zornig: ‚Geh gleich auf die Straßen, auf alle Plätze der Stadt und hole die Bettler, Krüppel, Lahmen und Blinden herein!' ²²Der Bote kam zurück und berichtete: ‚Es sind viele gekommen, aber noch immer sind Plätze frei!'
²³‚Geh auf die Landstraßen', befahl der Herr, ‚und bringe her, wen du finden kannst! Jeder ist eingeladen. Mein Haus soll voll werden. ²⁴Aber von denen, die ich zuerst eingeladen habe, wird keiner auch nur einen einzigen Bissen bekommen.'"

● Was meint Jesus mit dem Fest Gottes? Wie kommt man dazu? Haben Sie eine Einladung? Wollen Sie sie annehmen?

● Hatten oder haben Sie eine „Lieblingsbegründung", um Gott auf Distanz zu halten? Was müßte passieren, damit Sie sich diesem „Gastgeber" mehr anvertrauen?

● Warum lehnen so viele Menschen Gottes Einladung ab? Was können Sie tun, um anderen diese Einladung auch „einladend" zu übermitteln? Wem gegenüber möchten Sie das konkret tun?

 Austausch und Gebet
(15 – 30 Minuten)

● Was bestimmt Ihre „geistliche Ernährungslage" momentan? Kein Appetit? Bärenhunger? Mit Babynahrung zufrieden? Überwiegend Fast Food (nur gelegentlich ein gutes Sonntagsessen)? Trockenfutter? Konserven? Festschmaus?

● Was erwartet Sie in der nächsten Woche? Kann die Gruppe Sie irgendwie unterstützen oder für Sie beten?

● Danken Sie Gott zum Abschluß gemeinsam, daß er Sie alle miteinander zu seinem Fest einlädt.

Erläuterungen

Überblick und Kontext. Kapitel 14 beginnt mit dem Bericht über ein Festessen im Haus eines Pharisäers. Jesus spricht bei diesem Anlaß davon, daß man nicht nur den Menschen etwas Gutes tun soll, von denen man eine Gegengabe erwarten kann, sondern auch die „Bettler und Krüppel" einladen soll. Ihren Dank erhalten solche Gastgeber von Gott bei der Auferstehung der Gerechten (V.14).

Die Erwähnung der Auferstehung veranlaßt einen der Anwesenden zum Ausspruch einer allgemeinen Ansicht über die Auferstehung (V.15). Jesus nutzt die Gelegenheit, um die Einladung Gottes als unverdientes Geschenk herauszustellen. Zugleich zwingt er die Zuhörer, sich Rechenschaft zu geben, wie sie bisher auf diese Einladung reagiert haben.

14,15. Was für ein Glück. Das Bild des Festmahles wird im Alten Testament benutzt, um a) die Freude am Leben mit Gott bzw. b) die Heilserwartung der Endzeit zu beschreiben, wenn Gott alle Völker in seinen Bund aufnehmen wird (vgl. Jes 25,6-8; 65,13). Die Juden nahmen selbstverständlich an, daß sie als Gottes erwähltes Volk, die durch ihre Gesetzestreue Gerechten, am großen Freudenfest des Messias teilhaben würden.

14,16-17. einladen/Boten schicken. In den gehobenen Kreisen Israels wurde lange vor einem Fest eine Einladung ausgesprochen und der genaue Zeitpunkt des Beginns des Festes am entsprechenden Tag durch Boten mitgeteilt (vgl. Est 5,8; 6,14). Diese doppelte Einladung war zugleich ein Ausdruck der Hochachtung gegenüber den Eingeladenen.

14,18-20. Alle Eingeladenen hatten bereits früher vom Fest gewußt und ihre Teilnahme zugesagt. Als nun alles vorbereitet war, schoben sie Ausreden vor, um sich zu entschuldigen. In Anbetracht ihrer früheren Zusage und der aufwendigen Vorbereitungen für das Fest war den Zuhörern Jesu die Beleidigung, die diese Absagen bedeuteten, unmittelbar klar. Einige Ausleger bemerken, daß die Ausreden in Anlehnung an 5Mo 20,5-7 konstruiert sein könnten. Dort sind legitime Gründe angeben, die vom Kriegsdienst freistellen. Jesus hätte damit also gesagt, daß selbst allgemein als vorrangig akzeptierte Verpflichtungen gegenüber Beruf oder Familie nicht gelten, wenn es um den Ruf Gottes geht.

Diese Auslegung ist allerdings umstritten. Wahrscheinlicher ist, daß diese Entschuldigungen als offener Affront gegen den Gastgeber verstanden werden mußten. Die Gäste machten sich keinerlei Mühe, ihre Verachtung gegenüber dem Hausherrn zu verschleiern. Diese Haltung der Gäste im Gleichnis hat ihre Entsprechung in der Ablehnung der religiösen Führer gegenüber der Einladung, die Jesus ausspricht (13,34).

14,18. Grundstück gekauft ... unbedingt besichtigen. Damals wie heute kaufte man nicht zuerst einen Besitz und begutachtet ihn anschließend. Außerdem fanden Bankette am späten Nachmittag statt, so daß für eine Besichtigung tagsüber genug Zeit blieb.

14,19. Ochsen ansehen! So wie man heute kein gebrauchtes Auto ohne Probefahrt kauft, hätte man damals kein Gespann Ochsen gekauft, ohne es zuvor zu prüfen.

14,20. geheiratet. Hochzeitsvorbereitungen wurden lange im voraus getroffen. Der Mann hatte also sicher schon bei Erhalt der eigentlichen Einladung gewußt, daß er heiratet.

Alle Entschuldigungen sind im höchsten Maße fadenscheinig. Sie sind ein sozialer Affront gegen den Gastgeber, dem mitgeteilt wird, daß alles andere wichtiger ist als die Beziehung zu ihm.

Du wirst verstehen, daß ich nicht kommen kann. Während der erste Gast noch „freundlich" darum bittet, daß der Bote ihn entschuldigen möge, macht der dritte Mann ohne Umschweife klar, daß er kein Interesse am Fest oder am Gastgeber hat.

14,21. auf die Straßen. Wahrscheinlich ist hier an öffentliche Plätze gedacht, auf denen viele Bettler zu finden waren, weil hier mehr Hoffnung bestand, ein Almosen zu erhalten.

Bettler, Krüppel, Lahme und Blinden. In Mt 22,2-14 wird dasselbe Gleichnis erzählt, ohne daß dort die Gruppe der später Eingeladenen genauer beschrieben wird (22,7). Alle hier genannten Gruppen sind gesellschaftlich geächtet, arbeitsunfähig und für ihren Lebensunterhalt auf das Betteln angewiesen. Man nahm gemeinhin an, daß dieser Zustand eine Strafe Gottes war, die eben die „Ungerechten", die Sünder, traf. Immer wieder betont Lukas in seinem Evangelium, daß das Reich Gottes gerade denen zugesprochen wird, die allgemein als unwürdig angesehen werden (1,52-53; 4,18-19; 6,20-22; 7,22). Jesus stellt einen anderen Wertmaßstab auf: Gerade dieser Gruppe von Menschen gilt nach seinen Worten das Reich Gottes. Die allgemein für würdig und gerecht Gehaltenen aber werden ausgeschlossen. Jesus schockiert seine Zuhörer, indem er ihre Vorstellungen über das messianische Festmahl – auf das ja die frommen Juden mit ihrem strengen Leben als Höhepunkt und Erfüllung ihrer Hoffnung zulebten – erschüttert und andeutet, daß gerade sie die Einladung ausschlagen. Sie haben nicht verstanden, daß in Jesus und seiner Botschaft die Einladung bereits ergeht und das ersehnte Heil, das messianische Festmahl, beginnt.

14,23. Da der Saal durch die Armen der Stadt nicht gefüllt wird, wird ein Bote ausgesandt, um auch im umliegenden Land die Einladung zu überbringen. Matthäus erwähnt diese dritte Einladung nicht. Für Lukas, der sein Evangelium besonders für Menschen außerhalb des Judentums schrieb, war dieser Teil besonders wichtig, weil er ein Bild dafür ist, daß Gott seinen Bund über das Judentum hinaus auf alle Völker ausweitet (vgl. Apg 1,8).

bringe her, wen du finden kannst. Das griechische Verb in diesem Vers bedeutet wörtl. *zwingen, nötigen, nachdrücklich auffordern.* Unglücklicherweise wurde dieser Satz in der Vergangenheit wiederholt benutzt, um durch politischen, militärischen oder gesellschaftlichen Druck Menschen zum Übertritt zum Christentum zu zwingen. Diese Praxis widerspricht zutiefst der Absicht Jesu. Im Text ist an eine Überzeugungsarbeit gedacht, die den Unwürdigen und Ausgestoßenen eindringlich verdeutlicht, daß sie wirklich geladene und willkommene Gäste sind. Im Nahen Osten gehörte es zum guten Ton, Einladungen von höhergestellten Personen zuerst einmal ehrerbietig zurückzuweisen, weil sie in der Regel als großzügige Gesten und nicht als wirkliche Einladungen gemeint waren. Hier hätte die Situation so aussehen können, daß der einladende Bote nach einigem Hin und Her den geladenen Gast vielleicht am Arm fassen würde, um ihn so unmißverständlich zum Mitkommen zu bewegen. Nur mit diesem „sanften Nachdruck" wären die zuletzt Geladenen zu überzeugen gewesen, daß sie wirklich erwünscht sind.

14,24. wird keiner auch nur einen einzigen Bissen bekommen. Üblicherweise sandte der Gastgeber an verhinderte Gäste Kostproben des Festessens. In diesem Fall soll das nicht geschehen, weil der Hausherr wohl darauf achten läßt, daß nichts übrigbleibt. Ziel des Gleichnisses ist die Warnung an die religiösen Führer Israels (viele von ihnen waren beim Mahl im Haus des Pharisäers V.3). – Im Urtext beginnt dieser Vers mit den Worten „ich sage euch aber". Jesus selbst spricht jetzt als Gastgeber am Tisch des Reiches Gottes. So wird das Gleichnis für die Hörer zu einem dringenden Appell, die im Kommen Jesu noch ergehende Einladung nicht leichtfertig gering zu achten.

8 Jesus fordert alles – ist das zuviel?

Das Gleichnis vom Bauherrn und vom König (Lk 14,25-35)

[25]Wie schon oft, war Jesus von einer großen Menschenmenge umlagert. Bei dieser Gelegenheit machte er seinen Zuhörern deutlich:

[26]„Wenn einer mit mir gehen will, so muß ich für ihn wichtiger sein als alles andere in seinem Leben: wichtiger als seine Eltern, seine Frau, seine Kinder, seine Geschwister, ja wichtiger als das Leben selbst. Nur so kann er mein Jünger sein.

[27]Wer nicht bereit ist, diese Lasten um meinetwillen auf sich zu nehmen und mir nachzufolgen, der gehört nicht zu mir.

Einstieg (15 – 20 Minuten)
(Wählen Sie bitte 1 oder 2 Fragen.)

● Wer gewinnt in Ihrer Familie gewöhnlich bei Strategiespielen wie Schach oder Risiko?

● Gibt es etwas, auf das Sie schon seit langem sparen oder das Sie schon lange planen? Ein neues Auto? Ein Haus? Eine Urlaubsreise? Worauf verzichten Sie dafür?

● Führen Sie sich Ihre persönliche Prioritätenliste mit den Dingen vor Augen, die in Ihrem Leben Gewicht haben, z.B. eigene Identität, Beruf, Familie, Urlaub, Lebensstil, Beziehungen, persönliche Werte usw. Was steht ganz oben? Was an letzter Stelle? Worauf könnten Sie verzichten, worauf nicht?

Impulse für das Gespräch (30 – 40 Minuten)

● Die Menschen, die sich immer wieder um Jesus versammelten, hatten völlig andere Vorstellungen von seinem Auftrag als er selbst (vgl. die Zusammenfassung und die Anmerkung zu V.25). Warum wohl unterließ Jesus derartig bestürzende Aussagen wie in V.26.27 nicht? Wie hat wohl die Volksmenge reagiert?

● Was meint Jesus damit, daß „die Eltern, Frau, Kinder, Geschwister nicht wichtiger sein dürfen" als er? (Vgl. Erläuterung zu V.26). War Ihnen die Familie schon einmal ein Hindernis in der Nachfolge Jesu?

● Kennen Sie ein Bauprojekt, das vor der Fertigstellung aufgegeben werden mußte? Was ist der Zielpunkt dieses Vergleichs in den Versen 28-30?

● Welche Aspekte fügen die Bildworte vom kriegführenden König (V.31-32) und vom Salz (33-34) zu der ersten Aussage noch hinzu? (Vgl. Erläuterung zu V.34)

²⁸Will sich jemand ein Haus bauen, dann überlegt er doch auch vorher, ob er das überhaupt bezahlen kann.

²⁹Kein vernünftiger Bauherr wird einfach anfangen und dabei riskieren, daß er bereits nach dem Bau des Fundaments aufhören muß. Die Leute werden ihn auslachen: ³⁰'Ein Haus wollte er bauen! Aber es reichte nur bis zum Fundament!'

³¹Oder welcher König würde wohl auf die Idee kommen, einem anderen den Krieg zu erklären, ohne mit seinen Beratern zu überlegen, ob seine Armee von zehntausend Mann stark genug ist, um die feindlichen Truppen mit zwanzigtausend Mann zu schlagen? ³²Erscheint ihm das Risiko zu groß, dann wird er, wenn die feindlichen Truppen noch weit entfernt sind, Unterhändler schicken, um über einen Frieden zu verhandeln.

³³Überlegt es euch vorher, ob ihr wirklich bereit seid, alles für mich aufzugeben und mir nachzufolgen.

³⁴Salz ist lebensnotwendig. Aber was soll man mit Salz anfangen, das seinen Geschmack verloren hat? ³⁵Fades Salz ist nutzlos. Es taugt nicht einmal als Dünger. Man muß es wegwerfen. Hört mir genau zu, damit ihr versteht, was ich meine!"

● Wie reagieren Sie spontan auf die Aussagen Jesu in V. 27 (Lasten auf sich nehmen) oder V. 33 (alles für ihn aufgeben)?

   ❏ „Sie lassen mich zurückschrecken – es ist so ernüchternd"?

   ❏ „Sie spornen mich an – ich liebe Herausforderungen"?

   ❏ „Sie machen mir Angst – ich weiß nicht, ob ich das schaffen kann"?

   ❏ „Sie verwirren mich – es klingt mir etwas zu extrem"?

   ❏ _____

● Haben Sie sich jemals gefragt, ob die Nachfolge diesen Einsatz wert ist? Was hält Sie eigentlich „bei der Stange"? (Vielleicht lesen Sie zu dieser Frage den Kommentar am Ende der Erläuterungen.)

● Obwohl das Heil gratis ist (was wir gern hören), ist es nicht „billig". Für viele Christen bedeutet es Verfolgung und sogar Martyrium. Was hat es Sie gekostet, Jesus nachzufolgen?

 ## Austausch und Gebet
(15 – 30 Minuten)

● Mit welchem „Wetterbericht" würden Sie die letzte Zeit in Ihrem Leben beschreiben? Sonnig und warm? Naßkalt und feucht? Kalt und regnerisch? Stürmisch?

● Wo sehen Sie sich durch diese Worte Jesu am meisten in Frage gestellt? Welche Konsequenzen möchten Sie daraus ziehen? Kann die Gruppe Ihnen dabei helfen? Wie?

● Worin wünschen Sie sich in der nächsten Zeit Unterstützung und Fürbitte durch die anderen in der Gruppe?

Erläuterungen

Überblick und Kontext. Im vorhergehenden Abschnitt über das Festmahl (14,1-24) betont Jesus, daß die Einladung in Gottes Reich auf alle Menschen ausgeweitet ist. Nun macht Jesus der Volksmenge klar, welche Konsequenzen es hat, seine Einladung anzunehmen und sein Jünger zu werden. Er will damit niemanden entmutigen, wohl aber eine klare Vorstellung davon vermitteln, was es heißt, ihm nachzufolgen. Da im Allgemeinen erwartet wurde, daß mit dem Auftreten des Messias goldene Zeiten für Israel anbrechen würden (Ende der Unterdrückung durch fremde Mächte, dauerhafter Frieden, Wohlstand und Sicherheit), war es besonders wichtig, die wirkliche Natur der Nachfolge klar zu machen. Bevor das Reich Gottes sichtbar werden würde, mußte Jesus den Kreuzestod erleiden. Daß der Messias leiden würde (und seine Gefolgsleute mit ihm), lag außerhalb der Vorstellungen, die die Menschen sich vom Handeln Gottes machten.

14,25. Von einer großen Menschenmenge umlagert. Jesus ist auf dem Weg nach Jerusalem zum Passafest (9,51). Vermutlich bestand die Volksmenge aus Pilgern, die gleichfalls auf dem Weg zum Fest waren. Viele erwarteten vermutlich, daß Jesus, wenn er wirklich der Messias war, auf dem Fest in der Hauptstadt sein Reich ausrufen werde. Schließlich feierte Israel hierbei seine Befreiung aus der Gefangenschaft Ägyptens vor Jahrhunderten. Vom Messias erwartete man die Befreiung von den Römern.

14,26. Im Gegensatz zu den überschwenglichen Erwartungen der Menge stellt Jesus den Zuhörern nur eine einzige, ernste Herausforderung vor Augen: Die Einladung Gottes gilt zwar allen Menschen, aber nur wer ihm den ersten Platz im Leben einräumt, wird auch in das Reich Gottes hineinkommen. Die Verpflichtung gegenüber Jesus und dem Reich Gottes muß alle anderen Verpflichtungen und Bindungen übertreffen, selbst diejenigen, die üblicherweise als selbstverständlich und normal angesehen wurden.

Wenn einer mit mir gehen will. Gemeint ist, ein Schüler zu sein, der die Lehren und Anweisungen des Meisters befolgt.

Nicht wichtiger sein. Wörtl. *Wer nicht haßt* ... Jesus benutzte oft drastische oder extreme Bilder oder Worte, um die Aufmerksamkeit seiner Zuhörer zu gewinnen (vgl. Mt 5,29.30). Mit dem Wort *hassen* macht Jesus deutlich, um wieviel stärker im Vergleich zur natürlichen Verbundenheit zu Eltern oder Familie die Bindung zu ihm sein muß. Im Blick auf das Reich Gottes werden für den Jünger Jesu alle anderen natürlichen und an sich durchaus berechtigten und moralisch einwandfreien Beziehungen, Vorhaben und Verantwortlichkeiten zweitrangig. Jesus ruft nicht zur Lieblosigkeit gegenüber der eigenen Familie auf, sondern dazu, ihn an die erste Stelle im Leben zu setzen, wenn es zum Konflikt zwischen seinem Anspruch und den Interessen einer Familie kommt. Um seinen Hörern, die vor so radikalen Alternativen ebenso zurückschreckten wie wir heute, diese Notwendigkeit wirklich eindringlich vor Augen zu führen, formuliert Jesus hier so provozierend.

ja wichtiger als das Leben selbst. Sogar der Selbsterhaltungstrieb muß dem Ruf Jesu untergeordnet werden. Dies ist eine harte Forderung, aber Jesus selbst hat sie erfüllt, indem er sein Leben gab, um anderen den Zugang zum Leben zu ermöglichen.

14,27. diese Lasten. Wörtl.: *sein Kreuz.* Die totale Lebenshingabe an Jesus wird durch dieses Bild vertieft. Kreuze trugen damals verurteilte Verbrecher auf dem Weg zu ihrer Hinrichtung.

Kreuz. Die Kreuzigung war die grausame Hinrichtungsmethode der Römer für Schwerverbrecher. In Lukas 9,23 wird dieser Anspruch Jesu, das Kreuz zu tragen, durch das Wort *täglich* noch genauer bestimmt.

14,28-33. Mit drei Gleichnissen macht Jesus seinen Zuhörern klar, daß sie den Schritt in die Jüngerschaft gut bedenken und sich selbst prüfen sollten.

14,28-30. Das erste Gleichnis geht von täglichen Erfahrungen der Hörer aus. Es wäre ziemlich peinlich, wenn man einen Bau so schlampig geplant hätte, daß kurz nach der Fertigstellung der Fundamente das Geld ausgeht. In gleicher Weise gilt es, die Konsequenzen der Nachfolge zu bedenken. Sich darauf einzulassen hat Auswirkungen auf das ganze Leben. Alle Kosten müssen bedacht werden. Niemand soll aufgrund falscher Vorstellungen oder Erwartungen über das Reich Gottes Jesus nachfolgen.

14,31-32. Ein zweites Gleichnis unterstreicht diese Aussage. Nur ein verrückter König läßt sich auf einen Krieg ein, ohne genau zu prüfen, ob er gewinnen kann. Wenn er sich einer überlegenen Armee gegenübersieht, ist es besser, eine friedliche Lösung zu suchen, als sich blindlings ins Verderben zu stürzen. Genauso muß jeder, der ein Jünger werden will, genau überlegen, worauf er sich einläßt. Jesus will keine Nachfolger, die falschen Erwartungen nachjagen.

14,33. alles für mich aufzugeben. Genauso wie man ein gewagtes Unternehmen nur dann durchführen kann, wenn man sich ganz dafür einsetzt, muß auch der Jünger bereit sein, alles für Jesus aufzugeben, um ihm zu folgen.

14,34. Das dritte Gleichniswort führt die ersten beiden fort und beschreibt das Schicksal derer, die Jesus nur halbherzig folgen.

Salz ist lebensnotwendig. Es dient zur Konservierung und Würze der Lebensmittel. In geringen Mengen wurde es auch als Dünger benutzt.

Salz, das seinen Geschmack verloren hat. Reines Salz kann seinen Geschmack nicht verlieren. Jesus bezieht sich hier auf die Praxis der Salzgewinnung seiner Zeit am Toten Meer. Durch Verdunstung gewann man ein weißes Pulver, das nicht nur Kochsalz enthielt, sondern auch mehr oder weniger viel an anderen Substanzen wie z.B. Kalk. Wenn dieses „Salz" naß wurde, konnte es geschehen, daß das eigentliche Salz ausgeschwemmt wurde. Was zurückblieb, sah zwar aus wie Salz, war aber als Würzmittel unbrauchbar. Daß dieses fade Salz zu nichts mehr zu gebrauchen war, gehörte zur Alltagserfahrung der Menschen damals, auch wenn man das Phänomen chemisch und physikalisch noch nicht durchschaute.

14,35. wegwerfen. Obwohl das weiße, kristalline Pulver wie Salz aussah, konnte es nur noch als Streugut genutzt werden. Wer es versäumt, sich konsequent an Jesus zu halten, mag zwar wie das „Salz" noch echt aussehen, ist es aber nicht.

Hört mir genau zu. Diesen Satz benutzte Jesus immer wieder (vgl. Lk 8,8; Mk 4,9.23 u.ö.). Zum Teil liegt die Wirksamkeit der Gleichnisse in der notwendigen gedanklichen Arbeit. Die Frage lautet dabei immer: „Welche Erkenntnis über das Leben mit Gott will diese kleine Alltagsgeschichte mir vermitteln?"

Das Leben unter Gottes Herrschaft

Die Zusammenstellung dieser drei Gleichnisse betont den Ernst und die Kosten der Nachfolge. Dieser fordernde Abschnitt ist aber eingebettet in zwei Texte, die herausstellen, warum die Nachfolge jeden Preis wert ist. Im letzten Abschnitt (Lk 14,1-24) war deutlich geworden, daß die Türen zum Reich Gottes allen offenstehen, egal, aus welchem sozialen, religiösen oder ethnischen Hintergrund sie kommen. Er zeichnet das Reich Gottes als großes Festmahl, zu dem Gott als Gastgeber alle Menschen einlädt.

Im folgenden Abschnitt (Lk 15,1-32) fügt Lukas drei Gleichnisse an, die als gemeinsames Thema die Freude haben, die ausgelöst wird, wenn Gott einen Menschen für sein Reich gewinnt. Wie sich der Hirte über ein verlorenes Schaf freut, das er wiederfindet, eine Hausfrau über eine Münze oder der Vater über seinen Sohn, so freut sich Gott über die Rettung eines verlorenen Menschen. Das Reich Gottes ist ein Ort der Festfreude, der Erneuerung und der Versöhnung.

Der Gesamtabschnitt 14,1-15,32 zeigt also die „Gesamtperspektive" des Lebens im Reich Gottes. Würden wir nur von den Gleichnissen in unserem heutigen Text ausgehen, erschiene die Nachfolge als ernste, einschneidende Entscheidung, die dem, der sie trifft, das Opfer abverlangt, auf jede Art von normaler Lebensfreude zu verzichten. Hätten wir andererseits nur die Gleichnisse, die unseren heutigen Text umgeben, könnten wir meinen, daß Gott an uns überhaupt keine Anforderung stellt, sondern in jedem Fall froh ist, wenn wir uns ihm zuwenden, egal wann oder wie wir uns schließlich dazu entschließen. Erst die Zusammenschau dieser Gleichnisse jedoch zeigt, daß das Reich Gottes uns alles abverlangt und diesen Einsatz auch wert ist. Die scheinbaren Verluste, die mit der Nachfolge Jesu zusammenhängen, werden dadurch mehr als aufgewogen, daß es sich hierbei um einen Weg der Freude und Lebenserfüllung handelt, den alle Menschen suchen. Das Reich Gottes verlangt uns zwar alles ab, aber es gibt uns all das, was wir im Tiefsten ersehnen. Es ist den Einsatz mehr als wert.

9 Gott kommt zu seinem Ziel

Vom Weinbergbesitzer und den betrügerischen Pächtern (Mk 12,1-12)

[1]Wenn Jesus zu den Menschen redete, gebrauchte er oft Beispiele. So erzählte er: „Ein Mann legte einen Weinberg an, zäunte ihn ein, stellte eine Weinpresse auf und baute einen Wachtturm. Dann verpachtete er ihn an einige Weinbauern und reiste ins Ausland. [2]Zur Zeit der Weinlese beauftragte er jemanden, den vereinbarten Anteil an der Ernte abzuholen. [3]Aber die Weinbauern gaben ihm nichts, sondern schlugen ihn nieder und jagten ihn davon. [4]Da schickte der Besitzer einen zweiten Boten. Auch den beschimpften sie und

Einstieg (15 – 20 Minuten)
(Wählen Sie bitte 1 oder 2 Fragen.)

• Wenn Sie gebeten werden, etwas zu verleihen, was Ihnen wertvoll ist, wie reagieren Sie? Lehnen Sie die Bitte ab? Geben Sie der Bitte nach, aber mit „Bauchschmerzen"? Sorgen Sie sich ständig um Ihren Besitz? Geben Sie den fraglichen Gegenstand gern und denken nicht mehr daran? ...

• Wie reagieren Sie, wenn Sie das Verliehene auch nach wiederholter Aufforderung nicht zurückerhalten?

• Wem vertrauen Sie Ihr Haus, Ihren Garten oder Ihre Haustiere an, wenn Sie in Urlaub sind? Machen Sie sich in Ihrer Abwesenheit Sorgen um ihren Besitz?

Impulse für das Gespräch (30 – 40 Minuten)

• Auf der einen Seite ist dieses Gleichnis äußerst komplex. Es nimmt das damals allgemein bekannte Lied in Jes 5,1-7 auf und gibt ihm eine neue, aktuelle Pointe. Auf der anderen Seite ist die Aussage des Gleichnisses sehr direkt und viel weniger rätselhaft als üblich (vgl. die Zusammenfassung). Was haben wohl die angesprochenen religiösen Führer bei dem gedacht, was sie zu hören bekamen? Was wollten Sie unternehmen (V.12)?

• Wofür stehen der Weinberg, der Besitzer, die Pächter, die Boten, der Sohn, die neuen Pächter?

• Wie paßt der von Jesus zitierte Schriftabschnitt (V.10-11) zu diesem Gleichnis? Wer sind die Bauarbeiter? Wer ist der Grundstein?

schlugen ihn blutig. ⁵Den dritten Boten des Weinbergbesitzers brachten sie um. Immer wieder versuchte der Besitzer, zu seinem Ernteanteil zu kommen. Doch alle, die in seinem Auftrag kamen, wurden schwer mißhandelt oder sogar getötet.
⁶Nun blieb nur noch einer übrig: sein einziger Sohn, den er sehr liebte. Ihn schickte er zuletzt. ‚Sie werden es nicht wagen, ihm etwas anzutun', sagte er sich. ⁷Aber die Weinbauern waren sich einig: ‚Jetzt kommt der Erbe! Wenn wir ihn umbringen, dann gehört der Weinberg endgültig uns.' ⁸Deshalb ergriffen sie ihn, schlugen ihn tot und warfen ihn vor den Weinberg.
¹⁹Was – meint ihr – wird der Besitzer des Weinbergs jetzt wohl tun? Er wird selbst kommen, die Weinbauern töten und seinen Weinberg an andere verpachten. ¹⁰Habt ihr nicht in den Psalmen gelesen: ‚Der Stein, den die Bauarbeiter weggeworfen haben, weil sie ihn für unbrauchbar hielten, ist nun zum Grundstein des ganzen Hauses geworden. ¹¹Was keiner für möglich gehalten hat, das tut Gott vor euren Augen.'"
¹²Am liebsten hätten die Hohenpriester, Schriftgelehrten und Führer des Volkes Jesus gleich verhaftet. Sie hatten verstanden, daß Jesus von ihnen gesprochen hatte und daß sie die Weinbauern in seiner Geschichte waren. Aber sie wagten sich nicht an ihn heran, weil sie vor dem Volk Angst hatten. So ließen sie ihn in Ruhe und gingen weg.

• Warum provoziert Jesus die jüdischen Führer so sehr? Hielt er sie alle für Heuchler? War er mit Recht verärgert, über die Art und Weise, wie sie mit den Propheten (zuletzt mit Johannes dem Täufer) umgingen? Wußte er, daß ihnen kaum mehr Zeit zur Umkehr blieb? Sah er voraus, daß ihre Ablehnung dem Evangelium den Weg zu allen Menschen öffnete? Oder ...?

• Versuchen Sie, sich an die Stelle Jesu zu versetzen. Was mag er wohl empfunden haben – angesichts seines Auftrags und dessen, was er auf sich zukommen sah?

• Was hätten Sie an Stelle der religiösen Führer empfunden angesichts des Zulaufes, den dieser unbekannte, junge, radikale und kritische Rabbi im Volk hatte? Wie hätten Sie auf seine deutlichen Angriffe reagiert?

 ## Austausch und Gebet
(15 – 30 Minuten)

• Wie drückt sich in Ihrem Leben aus, daß Ihnen Jesus jederzeit willkommen ist? Welche Ihrer Handlungen widersprechen dieser Haltung?

• Fühlen Sie sich generell eher akzeptiert oder eher abgelehnt von Gott? Von anderen Menschen? Wie kann diese Gruppe Ihnen hier helfen?

• Worin wünschen sie sich momentan die Unterstützung und das Gebet dieser Gruppe?

• Nehmen Sie sich zum Abschluß des Gebets etwas Zeit, um gemeinsam dafür zu danken, daß Gott Sie annimmt, wie sie sind. Danken Sie auch für die Erfahrung, in dieser Gruppe so angenommen zu sein.

Erläuterungen

Überblick und Kontext. Das Gleichnis (auch in Mt 21,33-46 und Lk 20,9-19) folgt unmittelbar auf die Auseinandersetzung, die Jesus durch sein radikales Vorgehen provozierte, als er die Geldwechsler aus dem Tempel trieb (11,12-19). Die religiösen Führer, die ihm das Recht zu solch einer Tat absprachen, wurden durch seine kluge Frage zum Schweigen gebracht, welches Recht denn Johannes der Täufer hinter sich hatte. Die religiöse Führerschaft war den Bußrufen dieses im Volk hoch angesehenen Propheten nicht gefolgt (11,27-33). Sie mußte dies nun erklären oder ihn als einen falschen Propheten bezeichnen. Da sie keines von beidem wollten, schwiegen sie. Jesus ließ es dabei aber nicht bewenden, sondern forderte sie noch stärker heraus durch das Gleichnis, das deutlich die religiöse Führungsspitze angriff. Viele Gleichnisse bleiben bewußt in ihrer Deutung offen, um die Zuhörer zum Nachdenken zu zwingen. In dieser Geschichte ist die Aussage aber überdeutlich. Jesus läßt nicht den geringsten Zweifel daran, daß die Führer Israels (die sich gegen Johannes den Täufer und ihn selbst stellten) die Boten Gottes zurückstießen und dem Gericht Gottes entgegengingen.

12,1. Beispiele. Wörtl. *Gleichnisse.* Normalerweise hat ein Gleichnis einen einzelnen Vergleichspunkt. Details dienen hier nur der Illustration des Bildes. Z.B. haben im Gleichnis vom Senfkorn (Mk 4,30-32) die „Vögel unter dem Himmel" keine eigene Bedeutung, sondern unterstreichen nur die Größe der Pflanze, die aus dem Samenkorn gewachsen ist. In unserem Gleichnis sind aber eine ganze Reihe von Einzelheiten von Bedeutung (ebenso nur noch im Gleichnis vom Unkraut im Weizen Mt 13,24-30). Das Gleichnis hat damit stark allegorische Züge.

legte einen Weinberg an, stellte eine Weinpresse auf und baute einen Wachtturm. Für die Hörer eine eindeutige Anspielung an das Lied vom Weinberg, das der Prophet Jesaja Jahrhunderte zuvor verfaßt hatte (Jes 5,1-7). Jesaja beschrieb mit diesem Bild Israel. Obwohl es von Gott selbst wie ein Weinberg gepflanzt und gepflegt wurde, brachte es nur schlechte Früchte. Der Weinbauer gab den Weinberg schlußendlich auf. Jesus geht zwar von diesem bekannten Bild aus, führt es aber noch einen entscheidenden Schritt weiter: Jesaja wandte sich mit dem Bild vom Weinberg, bei dem alle Mühe vergeblich war, gegen Israel als Ganzes. Jesus wandte sich gegen die Führerschaft des Landes, die wie aufsässige Pächter Gott die schuldige Abgabe verweigerten.

Weinberg. Trauben gehörten zu den landwirtschaftlichen Hauptprodukten Israels. Ein Weinberg und die Arbeit darin waren wirklich jedem Zuhörer bekannt.

zäunte ihn ein. Das diente der Abwehr von Tieren und Dieben.

eine Weinpresse. Wörtl. *grub eine Kelter.* Die Trauben wurden dort zerdrückt, um Wein zu gewinnen.

Wachtturm. Er stand in de Regel in der Mitte des Weinbergs, um Diebe zu erkennen. Während der Ernte verbrachte der Weinbauer sogar die Nacht auf diesem Turm. Zaun, Kelter und Turm betonen das Interesse des Besitzers an der Ernte. Er investierte viel Geld und Arbeit in den Weinberg.

reiste ins Ausland. Jesus verläßt hier den Rahmen des Weinberg-Liedes aus dem Propheten Jesaja. Bei Jesaja ist Gott der Weinbauer, der auf die Frucht wartet, die doch nicht zum Vorschein kommt. Im Gleichnis ist Gott der Landbesitzer, der den Weinberg der Fürsorge von Pächtern überläßt, die für ihn den Weinberg bebauen. Der Weinberg selbst trägt gute Früchte, aber die Pächter verweigern dem Eigentümer den ausgehandelten Anteil des Ertrages.
Im ersten Jahrhundert war es durchaus nicht ungewöhnlich, daß Großgrundbesitzer auf ihren Gütern nicht persönlich anwesend waren, insbesondere in Galiläa. Solch ein Großgrundbesitzer unterstellte seine Besitzungen in der Regel Pächtern, die für ihn arbeiteten. Er verlangte von ihnen einen Teil der Ernteerträge als Pacht.

12,2. beauftragte er jemanden. Die Boten des Großgrundbesitzers kamen in dessen Vollmacht, um die Pacht entgegenzunehmen. Im Gleichnis vertreten sie die Propheten des AT. Im AT wurde auf die Propheten immer wieder in dieser Weise verwiesen (vgl. Jer 7,25-26; Sach 1,6). Die Boten im Gleichnis (V.2-5) erfahren dasselbe Schicksal, das die Propheten Gottes immer wieder ereilte. Elia wurde vom König Ahab verspottet und von Isebel mit dem Tode bedroht. Nach der Legende wurde Jesaja hingerichtet, indem er zersägt wurde. Jeremia wurde in eine Zisterne geworfen und als Gefangener nach Ägypten gebracht, wo er der Legende nach umkam. Auch Johannes der Täufer, der im Volk allgemein als Prophet angesehen war, wurde von König Herodes ermordet, ohne daß die religiösen Führer dagegen protestiert hätten.

12,3-5. Die Pächter verwerfen die Ansprüche des Landeigentümers und mißhandeln seine Repräsentanten schmählich.

12,6. sein einziger Sohn, den er sehr liebte. Weder die Volksmenge noch die religiösen Führer konnten an dieser Stelle erkennen, wen Jesus mit dem Sohn im Gleichnis meint. Während für die ursprünglichen Hörer des Gleichnisses hier eine Unklarheit bestehen blieb, war es für die Leser des Markusevangeliums klar, daß es sich um Jesus selbst handelte. Zentrales Thema in Mk 11-16 ist die Entdeckung, daß Jesus der Sohn Gottes ist. Hier findet sich der erste eindeutige Hinweis darauf in einer eigenen Äußerung Jesu (wobei Jesus dieselben Worte verwendet, die ihn bereits in 1, 11 und 9,7 als „Gottes geliebten Sohn" kennzeichnen). Der Anspruch, Sohn Gottes zu sein, beinhaltet den Anspruch einer einmaligen, innigsten Beziehung zu Gott.

Sie werden es nicht wagen, ihm etwas anzutun. Zwar waren die Boten schändlich behandelt worden, der Landeigentümer nimmt aber nicht an, daß die Pächter es wagen, sich seinem eigenen Sohn mit gleicher Verachtung zu widersetzen.

12,7. Erbe. Vermutlich soll damit gesagt werden, daß die Pächter die Ankunft des Sohnes als Zeichen dafür verstanden, daß der Großgrundbesitzer gestorben sei. Sie nehmen an, daß er gekommen ist, um sein Erbe in Besitz zu nehmen. So entschließen sie sich zum vermeintlich entscheidenden Schlag. Durch das Gesetz ist festgelegt, daß ein Stück Land ohne Eigentümer durch den in Besitz genommen werden kann, der es zuerst beansprucht und bewirtschaftet. Da die Pächter vermuten, daß das Land nach dem Tod des Sohnes ohne Besitzer sein würde, fassen sie den Plan, diesen zu ermorden und das Land in Besitz zu nehmen.

12,8. schlugen ihn tot und warfen ihn vor den Weinberg. Die Pächter versäumen nicht nur, den Sohn als Eigentümer zu respektieren, sie verwehrten ihm sogar ein ordentliches Begräbnis. Das galt in der damaligen Zeit als ungeheuerliche Schmähung. Die Leser des Markusevangeliums erkannten darin eine Parallele zu der Behandlung, die Jesus widerfuhr. Die religiösen Führer hätten den Leichnam am Kreuz hängen lassen bzw. ihn wie andere Verbrecher ehrlos verscharrt, hätte nicht Joseph von Arimathia darum gebeten, den Leichnam bestatten zu dürfen (15,43).

12,9. Die Verwerfung des Sohnes veranlaßt den Weinbergbesitzer, persönlich einzugreifen. Sein plötzliches und unerwartetes Erscheinen beendete die Illusion, daß der Weinberg nun Eigentum der Pächter sei.

An andere verpachten. Der Weinbergbesitzer wollte nun seinen Besitz an vertragstreue Pächter geben. Gott wird sich also neue Führer suchen, die für sein Volk sorgen. Im Rahmen des Markusevangeliums (das höchstwahrscheinlich für Heidenchristen in Rom geschrieben wurde) wurde dieses Detail vermutlich auch als Erklärung dafür verstanden, warum mehr und mehr Nichtjuden leitende Ämter in der entstehenden Kirche erhielten.

12,10. Der Stein, den die Bauarbeiter weggeworfen haben, weil sie ihn für unbrauchbar hielten, ist nun zum Grundstein des ganzen Hauses geworden. Das Zitat stammt aus Ps 118,22. Dort wird damit erklärt, warum David von Gott als König eingesetzt wurde, obwohl dessen Feinde ihn zu Fall bringen wollten. Später sahen die Rabbinen in diesem Stein Abraham, David oder den Messias. Mehrere Schreiber im NT wenden diesen Vers auf Jesus an (Apg 4,11; Eph 2,20; 1Petr 2,7).

12,12. Die Führer erkannten natürlich sehr genau, welche Rolle sie im Gleichnis Jesu spielten. Ihnen wurde die Rolle der bösen Pächter zugedacht, die die Boten (Propheten) und den Erben töteten. Nach ihrer Meinung mußte man solche Aussagen im Keim ersticken. Wegen der Beliebtheit Jesu im Volk konnten sie allerdings im Augenblick nichts unternehmen.

10 Beauftragt zu handeln

Das Gleichnis von den anvertrauten Goldstücken (Mt 25,14-30)

[14]„Es wird dann so sein wie bei dem Mann, der ins Ausland reisen wollte. Er rief alle Verwalter zusammen und beauftragte sie, während seiner Abwesenheit mit seinem Vermögen zu arbeiten. [15]Dem einen gab er fünf Goldstücke, einem anderen zwei und dem dritten eins, entsprechend den Fähigkeiten, die er bei ihnen voraussetzte. Danach reiste er ab. [16]Der Mann mit den fünf Goldstücken war so erfolgreich bei seinen Geschäften, daß er die Summe verdoppeln konnte. [17]Auch der die zwei Goldstücke bekommen hatte, verdiente zwei hinzu. [18]Der dritte versteckte sein Goldstück an einem sicheren Ort, weil er nichts riskieren wollte.
[19]Nach langer Zeit kehrte der Herr von seiner Reise zurück und forderte seine Verwalter auf, mit ihm abzurechnen.

Einstieg (15 – 20 Minuten)
(Wählen Sie bitte 1 oder 2 Fragen.)

● Wegen welcher besonderen „Talente" waren Sie in der Schule bekannt? Haben Sie diese noch „in Gebrauch"?

● Wer gewinnt bei Ihnen in der Familie normalerweise beim Monopoly? Wendet er/sie eine besondere Strategie an?

● Was war die rentabelste Geldanlage, die Sie je gemacht haben? Was die schlechteste?

Impulse für das Gespräch (30 – 40 Minuten)

● Welche Erwartungen hatte der Herr an seine Verwalter für die Zeit seiner Abwesenheit? Was erwartet Gott von uns (vgl. die letzten drei Punkte der Zusammenfassung)?

● Wie sah die Belohnung der ersten beiden Verwalter aus (V.21.23.28-29)?

● Wie erging es dem Verwalter über das eine Goldstück (V.28-30)? War das Verhalten des Herrn Ihrer Meinung nach gerecht?

● Wem ähneln Sie in diesem Gleichnis am ehesten – dem ersten Verwalter, dem viel anvertraut war, dem zweiten, der einige wenige Gaben hatte oder dem dritten, der lediglich versuchte zu erhalten, was er hatte?

²⁰Der Mann, der fünf Goldstücke erhalten hatte, brachte zehn Goldstücke. Er sagte: ‚Herr, fünf Goldstücke hast du mir gegeben. Hier, ich habe fünf dazuverdient.' ²¹Da lobte ihn sein Herr: ‚Du warst tüchtig und zuverlässig. In kleinen Dingen bist du treu gewesen, darum werde ich dir größere Aufgaben anvertrauen. Ich lade dich zu meinem Fest ein!'

²²Danach kam der Mann mit den zwei Goldstücken. Er berichtete: ‚Herr, ich habe den Betrag verdoppeln können.' ²³Da lobte ihn der Herr: ‚Du warst tüchtig und zuverlässig. In kleinen Dingen bist du treu gewesen, darum werde ich dir größere Aufgaben anvertrauen. Ich lade dich zu meinem Fest ein!'

²⁴Schließlich kam der mit dem einen Goldstück und erklärte: ‚Ich kenne dich als strengen Herrn und dachte: Was ich auch immer verdiene, du nimmst es mir doch weg. ²⁵Und ich hatte Angst, das Geld bei irgendwelchen Geschäften zu verlieren. Deshalb habe ich es sicher aufbewahrt. Hier hast du es wieder zurück!' ²⁶Zornig antwortete ihm darauf sein Herr: ‚Was bist du doch für ein Dummkopf! Wenn du schon der Meinung bist, daß es mir nur um Gewinn geht, ²⁷hättest du doch mein Vermögen bei einer Bank angelegt! Dort hätte es wenigstens Zinsen gebracht! ²⁸Nehmt ihm das Geld weg, und gebt es dem, der die fünf Goldstücke hatte!

²⁹Denn wer das, was er hat, gewissenhaft nutzt, dem kann man noch mehr anvertrauen, bis er mehr als genug hat. Wer aber mit Wenigem nachlässig umgeht, dem wird man auch das noch nehmen. ³⁰Und jetzt werft diesen nichtsnutzigen Kerl hinaus in die Finsternis, wo nur noch Verzweiflung herrscht.'"

● Teilen Sie sich gegenseitig mit, welche Talente für das Reich Gottes Sie aneinander entdecken. Hören Sie sich einmal „widerspruchslos" an, was andere als Ihr anvertrautes Goldstück erkennen.

● Stimmen Sie dem zu, was die anderen an Ihnen entdeckt haben? Wie gut entfalten Sie Ihre Gaben?

● Was motiviert Sie zum Einsatz Ihrer Talente? Angst vor Gott? Anerkennung durch andere? „Pluspunkte" bei Gott? Die Aussicht auf größere Befugnisse? Weil es Ihnen einfach Spaß macht? Die Aussicht auf die Belohnung? Etwas anderes?

● Wie müßte Jesus wohl Ihren Umgang mit den Ihnen anvertrauten Gaben beurteilen, wenn er heute wiederkäme? Möchten Sie etwas an Ihrem Umgang mit Ihren Gaben ändern? Was kann das in dieser Woche sein?

Austausch und Gebet
(15 – 30 Minuten)

● Worüber würden Sie mit Gott reden, wenn Sie sich diese Woche etwas Zeit zur Besinnung über Ihr Leben nehmen könnten?

● Wie kann die Gruppe Ihnen helfen, mit den Einsichten aus diesem Gleichnis besser umzugehen?

● Welche Gebetsanliegen möchten sie mitteilen?

Erläuterungen

Überblick und Kontext. Das Gleichnis wird auch in Lk 19,11-27 berichtet; die Evangelisten verwenden es aber in unterschiedlicher Weise. Bei Lukas sollen die Jünger durch das Gleichnis auf die Wartezeit vorbereitet werden, bis das Reich Gottes sichtbar kommt. Zugleich werden die Gegner Jesu vor ihrem Schicksal gewarnt. Matthäus benutzt das Gleichnis als dritte von vier Geschichten, um 1. die Jünger auch in der Wartezeit zur tatkräftigen Nachfolge zu motivieren und 2. die Jünger vor Nachlässigkeit zu warnen, da das Gericht, wenn auch verzögert, so doch gewiß kommt (24,42-44). Mit Hilfe des Gleichnisses schärft Jesus seinen Jüngern drei Dinge ein:
1. Sein Reich, wie sie es sich vorstellen, steht in seiner ganzen Verwirklichung noch aus.
2. Jüngerschaft bedeutet treuer Dienst für Gott, während man die Wiederkunft Jesu erwartet.
3. Diejenigen, die sich nicht für das Reich Gottes einsetzen, erwartet das Gericht.

25,14. rief Verwalter zusammen ... mit seinem Vermögen zu arbeiten. Während einer Geschäftsreise vertrauten wohlhabende Leute ihren Besitz einem fähigen Verwalter an, der als ihr Stellvertreter fungierte. Er hatte die Interessen seines Herrn in dessen Abwesenheit zu vertreten und die ihm überlassenen Mittel so zu investieren, daß der Besitz vermehrt wurde.

25,15. fünf Goldstücke. Wörtl.: *fünf Talente*. Ein Talent war ursprünglich eine Gewichtseinheit. Es wurde aber auch für Edelmetalle und damit für Geld benutzt. Es ist schwierig, einen Gegenwert zu berechnen. Zur Zeit Jesu mußte ein Arbeiter aber ca. 20 Jahre arbeiten, um ein einzelnes Talent zu verdienen.

entsprechend den Fähigkeiten. Der Herr zieht bei der Verteilung das Maß an Verantwortlichkeit in Betracht, das er jedem Verwalter zutraut. So wird auch jeder nur nach dem beurteilt, was von ihm zu erwarten war.

25,16-18. Wie auch heute schließt eine Investition immer das Risiko ein, ein Verlustgeschäft zu werden. Zwei Verwalter gehen das Risiko ein und sind damit erfolgreich. Der dritte lehnt es ab, irgend etwas Konstruktives mit dem anvertrauten Geld zu unternehmen.

25,16. die Summe verdoppeln. Ob nun durch glückliche Umstände, Fleiß oder hohe Risikobereitschaft, es war dem Verwalter gelungen, einhundert Prozent Gewinn zu erwirtschaften.

25,18. versteckte sein Goldstück an einem sicheren Ort. Wörtl.: *er grub die Erde auf und verbarg das Geld*. In einer Zeit ohne Bankschließfächer war dies nicht unüblich, um sein Geld vor Dieben zu schützen. Obwohl es sich um eine wirkungsvolle Diebstahlsicherung handelte, war der Ertrag natürlich gleich Null.

25,19. Nach langer Zeit. Daß die Zeit der Rückkehr nicht vorhersehbar ist, mußte die Verwalter zu beständiger Wachsamkeit und verantwortlichem Handeln anspornen. Im Rahmen des Matthäus-Evangeliums deutet die Länge der Zeit darauf hin, daß sich die Wiederkunft Jesu, die die Gemeinde erwartete, länger hinziehen würde als zunächst erwartet.

forderte auf ... abzurechnen. Der Meister kontrollierte nun, wie treu die Verwalter ihren Pflichten nachgekommen waren.

25,20. Hier, ich habe fünf dazuverdient. Man spürt dem Verwalter angesichts des Erfolges ab, daß er sich nicht scheut, Rechenschaft abzulegen.

25,21. tüchtig und zuverlässig. Die Treue des Verwalters gibt den Ausschlag dafür, daß ihm größere Verantwortungsbereiche übertragen werden (vgl. Lk 12,42-44).

kleine Dinge/größere Aufgaben. Die Belohnung des Verwalters besteht nicht in süßem Nichtstun, sondern in größeren Verwaltungsaufgaben im Hause seines Meisters. Da fünf Talente keineswegs kleine Dinge sind, wird hier klar, daß dem Verwalter noch weitaus Größeres anvertraut werden soll.

Ich lade dich zu meinem Fest ein! Der Verwalter erhält mit der neuen Aufgabe nicht nur den Ausdruck des Vertrauens, das ihm sein Herr entgegenbringt. Sein Herr möchte ihn in seiner Nähe haben und mit ihm feiern. Die Beziehung zwischen beiden hat sich verändert. Aus dem Verhältnis Herr/Knecht ist das zwischen Freunden geworden.

25,24-25. Im Unterschied zu den ersten beiden Verwaltern hatte der dritte das Geld dort versteckt, wo es keinerlei Nutzen bringen konnte. Aus Furcht, den hohen Erwartungen seines Herrn nicht zu entsprechen, hatte er überhaupt nicht gehandelt. Er wollte lieber alles unversehrt zurückgeben, statt das Risiko einzugehen, einen Fehler zu machen und Geld zu verlieren.

25,24. strengen Herrn. Die Beschreibung des Herrn ist ohne jede Schmeichelei und beschreibt ihn als skrupellosen Menschen, der erntet, wofür andere gearbeitet haben. Vermutlich haben die armen Zuhörer eher für den armen Verwalter Sympathie empfunden als für den harten Herrn, auch wenn bisher noch nichts im Gleichnis diese wenig positive Beschreibung des Herrn unterstützt. Er hatte seinen Besitz großzügig seinen Knechten anvertraut. Ebenso erwies er sich gegenüber den ersten beiden Verwaltern als großzügig und gerecht. Man konnte sich fragen, ob die Charakterisierung wirklich angebracht war, nachdem auch dem dritten Verwalter immerhin ein beträchtliches Vermögen anvertraut war.

25,25. ich hatte Angst. Damit schiebt der Verwalter die Verantwortung für seine Untätigkeit letztlich dem Herrn zu, der zu viel von ihm erwartet hatte und ihn damit in Furcht versetzte.

Hier hast du es wieder zurück. Die Rabbinen lehrten, daß Gott Israel das Gesetz anvertraut hatte, damit sie es bis zu der Zeit bewahrten, wenn er seine umfassende Herrschaft aufrichten würde. Wenn wir davon ausgehen, daß Jesus dieses Gleichnis kurz vor seinem Tod erzählte, könnte es durchaus sein, daß Jesus auch an diese rabbinische Lehre dachte. Während die Pharisäer ihren Eifer darein legten, das Gesetz vor dem Mißbrauch durch das Volk zu bewahren, versäumten sie, es so anzuwenden, daß es andere in Gottes Nähe zog. Sie konnten es Gott nur unbeschadet zurückgeben, ohne daß es einen Nutzen gebracht hatte. Das Urteil über sie stand damit fest. Von seinen Jüngern erwartete Jesus mehr.

25,26-27. Der Verwalter spricht sich selbst das Urteil. Selbst wenn seine Einschätzung seines Herrn wirklich korrekt war, hätte er zu Investitionen mit minimalem Risiko greifen sollen, um wenigstens einen kleinen Profit vorweisen zu können.

25,26. Dummkopf. Wörtl.: *böser und fauler Knecht*. Der Herr dreht nun den Spieß um. Nicht Angst vor seinem Herrn, sondern Gleichgültigkeit gegenüber seinen Interessen ließen den Knecht so handeln. Er kam seiner Verantwortung einfach nicht nach. Wenn der Verwalter wirklich davon überzeugt gewesen wäre, daß sein Herr ein strenger Mann ist, hätte er irgend etwas unternommen, um das in ihn gesetzte Vertrauen nicht mit leeren Händen zu vergelten.

25,27. bei einer Bank angelegt. Hier ist an die Geldwechsler in Jerusalem gedacht. Dies wäre eine sichere Anlage gewesen. Alle Zahlungen im Tempel mußten in der Landeswährung gemacht werden. Zum Passafest hatte z.B. jeder Pilger eine Tempelsteuer von umgerechnet fast zwei Tageslöhnen zu bezahlen. Die Geldwechsler tauschten fremde Währungen gegen Schekel um. Sie berechneten für diesen einfachen Vorgang horrende Summen. Eine Investition in diese Unternehmung versprach also soliden Profit. Das Gleichnis will diese Praxis nicht rechtfertigen. Jesus hatte im Gegenteil mit aller Härte gegen diese ausbeuterischen Machenschaften im Tempel protestiert (21,12-13). Er benutzt hier nur ein Detail, das den Hörern unmittelbar klar war.

25,28-30. Über den Verwalter wird das Urteil gesprochen. Er verliert wegen seiner Untreue das Kapital, das ihm anvertraut war, an den ersten Verwalter. Die Jünger werden hierdurch gewarnt, sich mit allem Fleiß ihrer Verantwortung zu stellen. Gott erwartet von denen, die er begabt hat, daß sie das Anvertraute zu seinem Nutzen einsetzen.

25,29. wer das, was er hat ... Das Urteil wird durch eine allgemein bekannte Weisheit unterstrichen, die sich auch an anderer Stelle findet (Mt 13,12; Mk 4,25; Lk 8,18). Auf das Leben in der Nachfolge Jesu angewandt, besagt sie: Wer das Wort Gottes, das ihm anvertraut ist, hört und ihm gehorcht, wird einsichtig und von Gott weiter beschenkt. Wer das nicht befolgt, was er bereits verstanden hat, erhält auch nicht mehr.

25,30. Und jetzt werft diesen nichtsnutzigen Kerl hinaus in die Finsternis, wo nur noch Verzweiflung herrscht. Mit dieser öfter gebrauchten bildlichen Aussage wird der ganze Ernst des Gerichtes betont (vgl. Mt 8,12; 13,42.50; 22,13; 24,5; Lk 13,28).

11 Gott rechnet anders

Das Gleichnis von den Arbeitern im Weinberg (Mt 20,1-16)

¹„Ich möchte euch ein Gleichnis erzählen", sagte Jesus. „Ein Weinbauer ging frühmorgens Arbeiter für seinen Weinberg anwerben. ²Er einigte sich mit ihnen auf den üblichen Tageslohn und ließ sie in seinem Weinberg arbeiten. ³Ein paar Stunden später ging er noch einmal über den Marktplatz und sah dort Leute herumstehen, die arbeitslos waren. ⁴Auch diese schickte er in seinen Weinberg und versprach ihnen einen angemessenen Lohn. ⁵Zur Mittagszeit und gegen drei Uhr nachmittags stellte er noch mehr Arbeiter ein. ⁶Als er um

---

 **Einstieg** (15 – 20 Minuten)
(Wählen Sie bitte 1 oder 2 Fragen.)

● Was war Ihr erster Job oder Arbeitsplatz? Wieviel haben Sie damals verdient?

● Hatten Sie jemals Schwierigkeiten, eine Arbeit zu finden? Wie reagierten Sie auf die Situation? Wodurch fanden Sie schließlich doch eine Stelle?

● Was ist an Ihrem jetzigen Arbeitsplatz ausgesprochen ungerecht geregelt?

 **Impulse für das Gespräch** (30 – 40 Minuten)

● Es war üblich, daß Landbesitzer Tagelöhner einstellten, wenn sie kurzzeitig mehr Arbeit hatten. Welcher Lohn wurde mit den ersten Arbeitern morgens um 6 Uhr vereinbart (V.1-2)?

● Welcher Lohn wurde mit den Arbeitern um 9 Uhr, mittags, um 15 Uhr und um 17 Uhr vereinbart (V.3-7)?

● Was hätten Sie bei der Auszahlung am Abend gedacht, wenn Sie zur letzten Schicht um 17 Uhr gehört hätten (V.8-9)? Was, wenn Sie seit 6 Uhr morgens gearbeitet hätten (V.10-12)? Handelt der Arbeitgeber ungerecht oder großzügig oder beides (V. 13-15)?

● Sollten diejenigen, die Gott schon von Anfang an kennen (die Juden), mehr von Gottes Gnade erhalten, als die, die erst „kurz vor Feierabend" zu ihm finden (die Heidenchristen)? Begründen Sie bitte Ihre Antwort kurz. Auf welcher Grundlage verschenkt Gott seinen „Lohn"?

fünf Uhr in die Stadt kam, sah er wieder ein paar Leute untätig herumstehen. Er fragte sie: ‚Warum habt ihr heute nicht gearbeitet?' [7]‚Uns wollte niemand haben', antworteten sie. ‚Geht doch und arbeitet auch noch in meinem Weinberg!' forderte er sie auf.

[8]Am Abend beauftragte er seinen Verwalter: ‚Ruf die Leute zusammen und zahle ihnen den Lohn aus! Beginne damit beim Letzten und höre beim Ersten auf!' Zuerst kamen also die zuletzt Eingestellten, [9]und jeder von ihnen bekam den vollen Tageslohn. [10]Jetzt meinten die anderen Arbeiter, sie würden mehr bekommen. Aber sie bekamen alle nur den vereinbarten Tageslohn.

[11/12]Da fingen sie an zu schimpfen: ‚Diese Leute haben nur eine Stunde gearbeitet, und du zahlst ihnen dasselbe wie uns. Dabei haben wir uns den ganzen Tag in der brennenden Sonne abgerackert!'

[13]‚Mein Freund', entgegnete der Weinbauer, ‚dir geschieht doch kein Unrecht! Haben wir uns nicht auf diesen Betrag geeinigt? [14]Nimm dein Geld und geh! Ich will den anderen genausoviel zahlen wie dir. [15]Schließlich darf ich doch wohl mit meinem Geld machen, was ich will! Oder ärgerst du dich, weil ich großzügig bin?'

[16]Ebenso werden die Letzten einmal die Ersten sein, und die Ersten die Letzten."

• Was empfinden Sie bei der Vorstellung, daß jemand, der ein mühevolles, moralisch einwandfreies Leben lebte, vor Gott nicht besser dastehen wird als einer, der nach einem ausschweifenden und fragwürdigen Leben zu Gott zurückfindet?

• Wenn Sie wählen könnten zwischen einem Leben mit Christus von Jugend an, das auch seinen Anteil an der „Mühe des Tages" enthielte, und der Möglichkeit, sich Christus erst kurz vor dem Tod zuzuwenden und bis dahin „das Leben in vollen Zügen zu genießen" – was würden Sie wählen? Begründen Sie bitte Ihre Antwort kurz.

• Einige Arbeiter im Gleichnis beschweren sich über vermeintliche Ungerechtigkeit, andere sind froh über die unverhoffte Großzügigkeit. Kommt Ihnen Gott auch an manchen Stellen unfair vor? Wo haben Sie ihn als großzügig erlebt?

 ## Austausch und Gebet
(15 – 30 Minuten)

• Welche Uhrzeit beschreibt Ihre Lebensperspektive und Ihren momentanen Zustand am besten?

- ❑ 6 Uhr – Ich bin voller Energie und kann es kaum erwarten, endlich mit der Arbeit zu beginnen.
- ❑ 9 Uhr – Ich bin froh, daß ich produktiv bin.
- ❑ 12 Uhr – Ich brauche eine Pause.
- ❑ 15 Uhr – Mir geht langsam die Puste aus.
- ❑ 17 Uhr – Ich freu mich auf den Feierabend.

• Die vereinbarte Zeit in dieser Gruppe neigt sich dem Ende zu. Wie steht es um Ihre Ziele?

• Welches Gebetsanliegen möchten Sie gerne nennen?

Erläuterungen

Überblick und Kontext. Das Gleichnis schließt sich an eine Frage der Jünger an, wer überhaupt ins Reich Gottes kommen könnte (19,25). Jesus versicherte ihnen, daß diejenigen, die ihm nachfolgen, viel mehr erhalten, als sie aufgaben, um Jünger zu werden. Und er fügte hinzu: „Viele, die heute eine große Rolle spielen, werden in Gottes neuer Welt nichts bedeuten. Und viele, die heute die Letzten sind, werden dann zu den Ersten gehören" (19,30). Dieser Satz wird am Ende unseres Abschnitts aufgenommen (20,16; vgl. auch Lk 13,30). Jesus will die Jünger damit von der Vorstellung abbringen, daß die Dauer der Nachfolge eine grundlegende Auswirkung auf die Qualität der Beziehung zu ihm hat. Es geht nicht darum, möglichst viele religiöse Pluspunkte zu sammeln, die sich dann später einmal „auszahlen". Entscheidend für unsere Beziehung zu Gott ist seine schenkende Gnade, mit der er sich uns zuwendet.

Vermutlich war diese Erkenntnis auch für die ersten Adressaten des Matthäusevangeliums nötig. 1. Sie haben sich möglicherweise gefragt, ob ihre Nachfolge nur zweitklassig ist, weil sie Jesus nicht persönlich kennengelernt hatten. 2. Vielleicht machten sie sich über die Heiden Gedanken, die neuerdings in großer Zahl zur Gemeinde Jesu fanden. Sollten diese wirklich in gleicher Weise zum Reich Gottes gehören wie die Judenchristen? Das Gleichnis macht klar, daß die Stellung im Reich Gottes nicht durch die für Gott geleistete Arbeit erworben wird, sondern ein unverdientes Geschenk ist.

20,1. Arbeiter für seinen Weinberg anwerben. Die Landbesitzer hatten fest angestellte Arbeiter, die sich um die täglichen Arbeiten kümmerten. Wenn zu besonderen Zeiten (Pflanzung, Schnitt und Ernte) die Arbeit von diesen nicht mehr allein bewältigt werden konnte, wurden zusätzlich Tagelöhner angeheuert. Das geschah täglich auf dem Marktplatz, wo die Arbeitsuchenden sich einfanden.

Weinberg. Da der Weinberg im AT oft Bild für Israel ist (Jes 5,1-7; Jer 12,10), könnte das auch hier gemeint sein. Die Arbeiter wären dann die, die sich um Israel kümmern sollten.

20,2. Er einigte sich mit ihnen. Der Lohn wurde ausgehandelt. Dieses Handeln ist im Nahen Osten der übliche Weg, um zu Geschäftsvereinbarungen zu kommen. Da der Landeigentümer auf viele Arbeiter angewiesen war, waren diese sogar etwas im Vorteil.

Tageslohn. Wörtl.: *ein Dinar*. Offensichtlich handelte es sich um einen fairen Lohn.

Ein paar Stunden später. Wörtl.: *um die dritte Stunde*. Dies war etwa gegen 9 Uhr vormittags.

Arbeitslos. Um diese Uhrzeit war es unwahrscheinlich, an diesem Tag noch Arbeit zu bekommen.

Marktplatz. Das war der Versammlungsplatz im Ort. Hier suchte man normalerweise nach Arbeit oder nach Arbeitern.

20,4. angemessener Lohn. Da die Arbeiter keine reelle Chance mehr hatten, an diesem Tag Arbeit zu finden, konnten sie es sich nicht leisten zu handeln. Alles, was sie bekommen würden, wäre mehr als nichts. Es wird kein Lohn genannt, nur die Zusage gemacht, daß sie nicht ausgebeutet würden. Da die ersten Arbeiter einen Dinar erhalten sollten, erwartet der Hörer, daß diese Männer einen Teilbetrag bekommen werden.

Gegen drei Uhr nachmittags stellte er noch mehr Arbeiter ein. Die Arbeit erforderte offensichtlich noch mehr Kräfte als bisher eingestellt worden waren. Besonders bei der Ernte war es nötig, schnell zu handeln, wenn etwa Regen nahte.

20,6. um fünf Uhr. Die Zuhörer waren vermutlich erstaunt, daß der Weinbergsbesitzer so spät noch jemanden einstellte.

20,8-12. Der Gutsherr zahlt nun den Lohn aus. Wenn die Zuhörer gerade noch erstaunt waren, waren sie nun wohl schockiert.

20,8. Am Abend. Das war zur Zeit der Dämmerung. Der Arbeitstag ging von Sonnenaufgang bis Sonnenuntergang.

Beginne damit beim Letzten und höre beim Ersten auf. Das bereitet die Auseinandersetzung in den Versen 11 und 12 vor.

20,9-12. Vermutlich hatten die zuletzt angestellten Arbeiter wie in V.4 auch zugestimmt, für einen „angemessenen Lohn" zu arbeiten. Sie waren sicherlich freudig überrascht, als sie einen ganzen Tageslohn erhielten. Die noch wartenden anderen dachten natürlich, daß sie genauso überschwenglich entlohnt würden. Wenn es für eine Stunde Arbeit einen Tageslohn gab, was bekam dann erst der, der den ganzen Tag geschuftet hatte? Als der Zahlmeister aber allen den gleichen Lohn ausbezahlte, wurden die ersten Arbeiter auf ihren Arbeitgeber wütend. Worauf sie sich zuerst als fairen Lohn geeinigt hatten, kam ihnen nun wie ein Betrug vor.

20,12. du zahlst ihnen dasselbe wie uns. Das ist der Hauptpunkt ihrer Beschwerde. Die Arbeiter erwarten eine Abstufung des Lohnes nach der geleisteten Arbeit. Das Gleichnis lehrt aber, daß die Belohnung im Reich Gottes nicht nach Verdienst, sondern aus Gnade gewährt wird.

20,13. Mein Freund. Hier wie an zwei anderen Stellen im Evangelium (22,12; 26,50) hat das Wort einen ironischen Unterton. Jedenfalls beschreibt es hier nicht eine gegenseitige Freundschaft. Die Arbeiter sehen im Weinbergsbesitzer nicht ihren Freund, sondern einen ungerechten Mann.

kein Unrecht. Die Arbeiter fordern Gerechtigkeit. Ihr Arbeitgeber macht deutlich, daß sie kein Unrecht erfahren, sondern erhalten haben, was ausgemacht war. Seine Großzügigkeit anderen gegenüber kann nicht als Ungerechtigkeit ausgelegt werden.

20,15. mit meinem Geld machen, was ich will. Die Arbeiter maßen sich an zu bestimmen, wo ihr Arbeitgeber großzügig zu sein hat. Auf dem Hintergrund des Konfliktes zwischen Jesus und den Pharisäern über Jesu Nähe zu den religiös Geächteten ist das Gleichnis eine Warnung an die Pharisäer. Es will sie davor warnen zu meinen, daß ihr ehrliches Bestreben, dem Gesetz zu entsprechen, ihnen Gott sozusagen verpflichte und sie zu Richtern darüber mache, wem er seine Gnade und Großzügigkeit zuwenden solle und wem nicht. Der Grat zwischen dem Gehorsam gegen Gottes Willen und dem Wunsch, zu bestimmen, was Gottes Wille ist, ist schmal.

ärgerst du dich, weil ich großzügig bin. Wörtl.: *Ist dein Auge böse, weil ich gut bin.* Schon in 6,23 wird vor dem bösen Auge gewarnt. Das Auge ist wie das Herz in der Bibel oft ein Bild für die Motive des Menschen (vgl. Ps 119,36.37). Das böse Auge beschreibt meist Habsucht oder Geiz, während das gute Auge Menschen kennzeichnet, die ihren materiellen Besitz großzügig teilen. Der Mensch mit dem bösen Auge lebt ein Leben der Dunkelheit, wie ein Blinder, weil sein böses Auge ihn hindert, den richtigen Weg zu erkennen. Der Neid der Arbeiter führt sie dazu, den guten Weinbergsbesitzer als ungerecht zu bezeichnen.

20,16. Diese Zeile verbindet das Gleichnis mit der Szene in 19,28-30. Den Jüngern wird zwar versprochen, daß sie über Israel richten werden (19,28), sie sollen daraus aber keinen neuen Rangstreit ableiten. In der Nachfolge Jesu geht es darum, sich nicht übereinander zu überheben, sondern einer des anderen Diener zu sein (20,28).

Ärgerliche Gnade

Wie das Gleichnis vom verlorenen Sohn hat auch diese Geschichte ein offenes Ende. Es wird nicht gesagt, wie die Arbeiter reagieren. Der Hörer kann selbst entscheiden, wie die Geschichte ausgeht. Wer sich über die Bezahlung der Arbeiter weiter aufregen will, kann das tun. Wer verstanden hat, daß die Großzügigkeit nicht ungerecht ist, kann sich mit denen freuen, die überreich bezahlt wurden und sonst wohl nicht das Nötigste zum Leben gehabt hätten.

Im Matthäusevangelium ist immer wieder davon die Rede, daß die Zuwendung Jesu zu den „Sündern" von den Pharisäern verkannt wird: Sie sehen darin nicht das Zeichen der Gnade Gottes, sondern deuten es als Hinweis darauf, daß auch Jesus selbst eher unter das „Gesindel" gerechnet werden müsse (9,11). In ähnlicher Weise machten sich die jüdischen Christen zur Zeit der Entstehung des Evangeliums Gedanken über die vielen Heiden, die zur Gemeinde Jesu fanden. Das Gleichnis erinnert sowohl die Pharisäer wie auch später die Judenchristen daran, daß Gott seine Gnade erweisen kann, wem er will. Die großzügige Einbeziehung anderer in die Gnade Gottes vermindert in keiner Weise die Größe der Gnade denen gegenüber, die Gott zuerst begegneten. Auch heute muß sich die Gemeinde Jesu durch dieses Gleichnis fragen lassen, ob sie bestimmte Menschen für der Gnade Gottes „würdiger" hält als andere.

12 Bereit sein, wenn Gott kommt

Die zehn Brautjungfern (Mt 25,1-13)

[1]„Wenn der Menschensohn seine Herrschaft antritt, wird es sein wie bei den zehn Mädchen, die bei einer Hochzeit als Brautjungfern mit ihren Lampen den Bräutigam abholen sollten. [2-4]Aber nur fünf von ihnen waren so klug, sich ausreichend mit Öl für ihre Lampen zu versorgen. Die anderen waren gleichgültig und dachten überhaupt nicht daran, genügend Öl mitzunehmen.

Einstieg (15 – 20 Minuten)
(Wählen Sie bitte 1 oder 2 Fragen.)

● Was war die größte Panne, die Sie bisher im Zusammenhang mit einer größeren Feier oder einem langersehnten Anlaß erlebt haben?

● Was für ein „Zeittyp" sind Sie? Lieber zwanzig Minuten zu früh als eine Minute zu spät? Bloß keine Hektik – auf die paar Minuten wird's schon nicht ankommen? Pünktlichkeit auf die Minute? Ganz anders?

● Wie reagieren Sie, wenn andere eine Verabredung mit Ihnen nicht einhalten oder viel zu spät kommen?

Impulse für das Gespräch (30 – 40 Minuten)

● Worin lag nach V.1-4 der Unterschied zwischen den beiden Gruppen von Brautjungfern, die den Bräutigam zum Hochzeitsfest begleiten sollten? (Siehe auch Erläuterung zu V.1.)

● Warum schliefen die Frauen ein (V.1)? Welche Überraschung wird in V.6 beschrieben?

● Was passierte mit den klugen, was mit den gleichgültigen Frauen (V.10-12)?

● Auf welches Ereignis weist dieses Gleichnis hin? Welche beiden wichtigen Informationen gibt Jesus seinen Zuhörern in bezug auf seine Wiederkunft (V.13)?

⁵Als sich die Ankunft des Bräutigams verzögerte, wurden sie alle müde und schliefen ein. ⁶Plötzlich um Mitternacht wurden sie mit dem Ruf geweckt: ‚Der Bräutigam kommt! Steht auf und begrüßt ihn!'
⁷Da sprangen die Mädchen auf und brachten ihre Lampen in Ordnung. ⁸Die fünf, die nicht genügend Öl hatten, baten die anderen: ‚Gebt uns etwas von euerm Öl! Unsere Lampen gehen aus.' ⁹Aber die Klugen antworteten: ‚Unser Öl reicht gerade für uns selbst. Geht doch in den Laden und kauft euch welches!'
¹⁰In der Zwischenzeit kam der Bräutigam, und die Mädchen, die genügend Öl für ihre Lampen hatten, gingen mit ihm in den Festsaal. Dann wurde die Tür verschlossen. ¹¹Später kamen auch die fünf anderen. Sie standen draußen und riefen: ‚Herr, mach uns die Tür auf!'
¹²Aber er erwiderte: ‚Was wollt ihr denn? Ich kenne euch nicht!'
¹³Deshalb seid wach und haltet euch bereit! Denn ihr wißt weder an welchem Tag noch zu welchem Zeitpunkt ich kommen werde."

● Jesus sagt deutlich, daß die Tür zu Gottes Reich einmal für manche verschlossen sein wird (V.10-12). Was löst diese Aussage in Ihnen aus? Klingt nicht gerade nach einem liebenden Gott? Das ist nur fair – sie hatten ihre Chance? Sind wir doch froh, daß überhaupt jemand zu Gottes Fest eingeladen ist? Was soll ich dazu sagen – das ist Gottes Sache? Etwas ganz anderes?

● Wofür stehen die Lampen im Gleichnis (V.8)? Was ist mit dem Öl gemeint?

● Leben Sie augenblicklich vom „Öl" eines anderen? Dem Ihrer Eltern? Ihrer Freunde? Ihres Ehepartners? Ihrer Gemeinde? Oder dieser Gruppe?

● Wie sind Sie darauf vorbereitet, daß Jesus wiederkommt? Wo werden Sie beim großen Festmahl sein? Warum?

 ## Austausch und Gebet
(15 – 30 Minuten)

● Mit welchem Wert von 1 (total mies) bis 10 (absolute Spitze) würden Sie die zurückliegende Woche bewerten? Warum?

● Das nächste Treffen ist bereits das letzte in diesem Bibelkurs. Was sind Ihre weiteren Perspektiven? Würden Sie sich gern weiterhin treffen? Oder mehrere Gruppen bilden? Oder ...

● Wofür möchten Sie jetzt als Gruppe gemeinsam beten? Welche Anliegen haben Sie persönlich, in denen Sie sich die Unterstützung der anderen wünschen?

Erläuterungen

Überblick und Kontext. Dies ist das erste von drei Gleichnissen in diesem Kapitel (Mt 25) über die Wiederkunft Jesu. Um dasselbe Thema geht es schon im vorhergehenden Kapitel. Alle Gleichnisse betonen besonders, daß die Jünger wachsam sein müssen (V.13), weil sie den Zeitpunkt der Wiederkunft und das Datum des Gerichtstages nicht kennen. Das Gleichnis vom anvertrauten Gut (25,14-30) macht klar, daß Wachsamkeit kein passives Abwarten meint, sondern den Einsatz der anvertrauten Gaben für das Reich Gottes. Das letzte Gleichnis (25,31-46) konkretisiert diesen Einsatz als Sorge um die Bedürftigen.

25,1. Zehn Brautjungfern. Im Gleichnis geht es nicht um eine besondere Bedeutung der Zahlen. Es werden einfach zwei Gruppen von Menschen gegenübergestellt. Es ist unklar, wer diese Frauen sind: Brautjungfern, Bedienstete im Haus des Bräutigams, Freundinnen oder Nachbarinnen. Jedenfalls sollen sie den Bräutigam im Hochzeitszug begleiten.

mit ihren Lampen. Da Hochzeiten meist am Abend stattfanden, sollten die Lampen den Weg des Hochzeitszugs erleuchten und zugleich zum festlichen Charakter beitragen. Die Lampen waren wahrscheinlich kleine Tongefäße mit einem Docht und Öl als Brennstoff. Sie wurden an Stäben befestigt. Oder es waren Fackeln, die aus Lumpen bestanden, die mit Öl getränkt und um einem Stab gewickelt wurden. Solche Fackeln brannten etwa 15 Minuten und mußten dann erneut in Öl getaucht werden.

den Bräutigam abholen. Das Gleichnis spiegelt die damals üblichen Hochzeitsbräuche wieder. Normalerweise fanden Hochzeiten im Haus des Bräutigams oder dem seiner Eltern statt. Vor der eigentlichen Zeremonie ging der Bräutigam zum Haus der Braut und führte sie im Hochzeitszug zu seinem Haus, wo die Hochzeit dann stattfinden konnte. In einem Dorf nahmen alle Bewohner am Festzug teil. Von den Auslegern werden verschiedene Erklärungen für die Situation versucht. Am wahrscheinlichsten erscheinen die Vermutungen, daß die zehn Frauen entweder im Haus der Braut sind oder irgendwo auf den Vorbeizug des Bräutigams warten. Im Unterschied zu den meisten anderen Gleichnissen sind einzelne Details etwas unrealistisch. Hochzeiten fanden nicht um Mitternacht statt und Geschäfte hatten nicht so lange geöffnet. Dies läßt darauf schließen, daß von den Gleichnissen Jesu dieses noch am ehesten als Allegorie verstanden werden will. In der Allegorie dienen die Details nicht zuerst dem Zusammenhang der Geschichte, sondern haben eine selbständige Bedeutung. Durch die Anreihung solcher hintergründigen Details können unrealistische Situationen entstehen.

Es ergeben sich zwei Möglichkeiten: 1. Versteht man das Gleichnis als solch eine Allegorie, so würde analog zum AT ausgesagt, daß Gott (oder hier der Messias) wie ein Bräutigam kommt, um Israel als Braut zu sich zu holen (Jes 54,4-5; Hes 16,7; Hos 2,19). Die Brautjungfern wären dann Menschen, die für das Volk Gottes (die Braut) sorgen, während es die Ankunft seines Herrn erwartet. 2. Da Jesus sonst nicht in Allegorien sprach, könnten die unrealistischen Züge auch anders erklärt werde: Jesus erzählt hier von einer wahren Begebenheit und macht sie zum Bild für seine Botschaft. Die Hochzeit war natürlich nicht für Mitternacht geplant, sondern der Bräutigam ließ eben ungewöhnlich lange auf sich warten. Der Kommentar der klugen Frauen, Öl kaufen zu gehen, ist ironisch oder spöttisch gemeint.

Klug/gleichgültig. Wörtl.: *töricht.* Im Sprachgebrauch des AT ist der weise, der mit Gottes Gesetz im Einklang lebt. Er tut das Richtige, weil er die Wahrheit praktiziert. Töricht ist, wer die Wahrheit zwar kennt, sie aber nicht tut (vgl. Mt 7,24-27). Die Handlungsweise der einen Gruppe Frauen ist deshalb nicht ein einzelnes törichtes Versäumnis, sondern Hinweis auf ihre grundsätzlich törichte Lebensweise. Sie stehen für die Menschen, die sich nicht auf das Kommen des Messias vorbereiten. Die klugen Frauen sind ihrerseits gewohnheitsmäßig klug. Ihre Zukunftserwartungen veranlassen sie zu weiser Vorsorge.

25,5. Ankunft des Bräutigams verzögerte sich. Die ersten Christen erwarteten Jesu Wiederkunft in Herrlichkeit schon sehr bald nach seiner Himmelfahrt. Viele der Gleichnisse, die dieses Thema behandeln, warnen vor dieser Erwartung (24,43.48;25,14ff). Die Aussagen über den Zeitpunkt der Wiederkunft sind nicht eindeutig.

alle wurden müde und schliefen ein. Damit wird nicht angedeutet, daß es unangemessen war, einzuschlafen. Es wird lediglich die Dauer der Wartezeit unterstrichen.

25,6. um Mitternacht. Das ist ungewöhnlich für eine Hochzeit. Damit wird betont, wie lange der Bräutigam auf sich warten ließ. Die wenigsten werden ihn noch erwartet haben.

wurden sie mit dem Ruf geweckt. In einem kleinen Dorf hätte jeder auf den Hochzeitszug gewartet. Die Nachricht von der Ankunft des Bräutigams hätte sich in Windeseile verbreitet.

Steht auf und begrüßt ihn. Die Menschen versammelten sich um den Bräutigam, um ihn zum Haus der Braut zu geleiten und beiden dann zum Fest zu folgen. Die unerwartete Ankunft, der Ruf, die Sammlung der Gäste um den Bräutigam – all das sind Elemente, die auch von der Wiederkunft des Messias erwartet werden (1Thes 4,16-17).

25,7. brachten ihre Lampen in Ordnung. Vermutlich tauchte man die Dochte noch einmal ein, füllte Öl nach und steckte die Lampen an.

25,9. Aber die Klugen... Wörtl.: *Nein!* Die Weigerung der Frauen war nicht selbstsüchtig, sondern nur weitsichtig. Ein Aufteilen des Öls hätte letztlich niemandem genutzt. Alle hätten plötzlich im Dunkel gestanden. Übertragen kann dieses Detail so verstanden werden, daß jeder seine eigene Beziehung zu Christus braucht, einen eigenen Glauben.

kauft euch welches. Dazu ist es nun aber zu spät. Bei der Wiederkunft Jesu wird es auch zu spät sein, sich noch schnell darauf vorzubereiten, ihm zu begegnen.

25,10. in den Festsaal. Das Bild vom Hochzeitsfest wird häufig benutzt, um die endgültige Heilsgemeinschaft mit Gott zu beschreiben.

Tür verschlossen. Hier verläßt das Gleichnis deutlich die Beschreibung eines üblichen Hochzeitsfestes, bei dem Nachzügler natürlich nicht ausgesperrt wurden. Es geht nun um das messianische Festmahl. Das ungewöhnliche Schließen der Tür fiel den Zuhörern sofort auf und mußte sie ins Nachdenken bringen. Würden sie sich im Saal befinden? Das Gleichnis ruft die Hörer auf, ihr Verhältnis zum Bräutigam zu klären, solange dazu noch die Möglichkeit besteht (vgl. 7,22.23; Lk 13,35).

25,12. Ich kenne euch nicht. So auch 7,23. In Lk 13,25.27 wird ähnliches gesagt. Es ist die endgültige Ablehnung derer, die auf das Kommen Jesu nicht vorbereitet sind, indem sie seine Worte nicht ernst genommen haben. Die Formulierung bedeutet in etwa: „Ich habe nichts mit euch zu tun."

25,13. Deshalb seid wach. Auch die Leser werden hier zur Wachsamkeit aufgefordert. Obwohl alle Frauen einschliefen, hat dieser Ruf seine Gültigkeit. Die klugen Brautjungfern waren dennoch bereit. Ihre Wachsamkeit bestand in den Vorbereitungen, die sie getroffen hatten. Die törichten hatten sich nicht verantwortlich verhalten und waren nicht bereit, als es darauf ankam. Trotz aller Nebenaussagen will das Gleichnis die Leser vor allen Dingen ermutigen, tätig und vorbereitet zu sein für den Tag der Wiederkunft ihres Herrn. Die nachfolgenden Gleichnisse führen die Art der Vorbereitung näher aus.

wißt weder Tag noch Zeitpunkt. Dies wird an vielen Stellen im NT betont (24,36.44 Mk 13,35; Lk 12,40; 1Thes 5,1-2).

Wach sein heißt bereit sein

Jüngerschaft ist nie untätiges Warten auf das Ende der Zeit. Wie die Brautjungfern wissen auch die Christen, was nötig ist – Öl, ein Leben, das Ernst macht mit dem Wort Jesu–, aber auch sie können die Möglichkeit zur Vorbereitung verpassen. Wachsamkeit bedeutet nicht, einfach passiv auf die Zukunft zu warten, sondern jetzt in der Gegenwart aktiv für die Gestaltung der Zukunft einzutreten. Paulus sagt dasselbe in anderen Worten: „Kauft die Zeit aus! Denkt daran, daß euch nicht mehr viel Zeit bleibt" (Kol 4,5). Wachsamkeit meint nicht, daß man zur Zeit der Ankunft Jesu nicht schläft, oder daß man über den Zeitpunkt seiner Ankunft Spekulationen aufstellt. Es bedeutet, so zu leben, daß man jederzeit fröhlich dem wiederkommenden Herrn entgegengehen kann. Anders als der Diener im vorhergehenden Gleichnis (24,45-51), der die Abwesenheit des Herrn mißbraucht, kommen die Brautjungfern nicht durch eine *Untat*, sondern durch ihre *Untätigkeit* zu Fall. Blind auf die (garantierte) zukünftige Gnade zu bauen, ist genauso gefährlich, wie die Chance der Gegenwart ungenutzt zu lassen.

13 Die letzte Entscheidung fällt Gott

Das Gleichnis vom Unkraut im Weizen (Mt 13,24-30.36-43)

²⁴Jesus erzählte ein anderes Gleichnis: „Gottes Reich ist mit einem Bauern zu vergleichen, der gutes Saatgut auf sein Feld säte. ²⁵Eines Nachts, als alles schlief, kam sein Feind, säte Unkraut zwischen den Weizen und schlich sich davon.
²⁶Als nun die Saat heranwuchs, ging auch das Unkraut auf. ²⁷Da kamen die Arbeiter des Bauern und fragten ihn: ‚Hast du das Feld nicht mit gutem Samen bestellt? Woher kommt denn das Unkraut?'

Einstieg (15 – 20 Minuten)
(Wählen Sie bitte 1 oder 2 Fragen.)

● Wer hat in Ihrer Familie am meisten Unfug angestellt und anderen am besten einen Schabernack gespielt?

● Geben Sie auf einer Skala von 1 (überhaupt keinen) bis 10 (ich kann mir nichts Schöneres vorstellen) an, wieviel Spaß Ihnen Unkrautjäten macht.

● Welche unangenehme Aufräumaktion (Keller, Speicher, Rumpelkammer, Büro) scheuen Sie am meisten?

Impulse für das Gespräch (30 – 40 Minuten)

● Wer sät nach Jesu Erklärung in V.37-39 die gute Saat? Was ist das Ackerfeld? Wofür steht die gute Saat? Wofür das Unkraut? Wer ist der Feind?

● Warum will der Besitzer des Ackers nicht, daß seine Knechte das Unkraut ausreißen (V.29-30)? (Vgl. auch die Erläuterungen zu V.25 und V.29.)

● Was sagt das Gleichnis darüber aus, wie sich die Menschen im Reich Gottes den Menschen in der Welt gegenüber verhalten sollen?

● Warum fällt es Christen oft schwer, Menschen, die ihren Glauben nicht teilen, Geduld und Toleranz entgegenzubringen? Welche Punkte machen Ihnen im Umgang mit Nichtchristen Mühe?

²⁸‚Das muß mein Feind dazwischengesät haben', antwortete der Bauer. ‚Sollen wir das Unkraut ausreißen?' fragten die Arbeiter. ²⁹‚Nein, dabei würdet ihr ja den Weizen mit ausreißen. ³⁰Laßt beides bis zur Ernte wachsen.
Dann werde ich den Erntearbeitern befehlen: ‚Sammelt zuerst das Unkraut ein und verbrennt es! Den Weizen aber bringt in meine Scheunen!'"
³⁶Dann entließ Jesus die Menschenmenge und ging ins Haus. Später baten ihn seine Jünger: „Erkläre uns doch das Gleichnis vom Unkraut auf dem Acker." ³⁷Und Jesus erklärte es ihnen: „Der Menschensohn selbst ist der Landwirt, der den guten Samen aussät. ³⁸Der Acker ist die Welt, der Same das Volk des Gottesreiches, das Unkraut sind die Leute, die dem Satan gehorchen. ³⁹Der Feind, der das Unkraut zwischen den Weizen sät, ist der Teufel. Die Ernte ist das Ende der Welt, und die Erntearbeiter sind die Engel.
⁴⁰Wie das Unkraut vom Weizen getrennt und verbrannt wird, so wird es auch beim Gericht Gottes über die Welt sein: ⁴¹Der Menschensohn wird seine Engel senden. Sie werden aus dem Gottesreich alle Verführer und alle, die Unrecht tun, aussondern, ⁴²sie in den Feuerofen werfen und verbrennen. Dort wird viel vergebliches Heulen und ohnmächtiges Jammern zu hören sein. ⁴³Aber alle, die Gottes Willen tun, werden im Reich ihres Vaters leuchten wie die Sonne. Hört auf das, was ich euch sage!"

● Welche der folgenden Größen beeinflußt Sie – bewußt oder unbewußt – in Fragen der Toleranz? Ihre Familie? Ihr Pfarrer oder Prediger? Menschen wie Mutter Teresa? Talkmaster in Fernsehshows? Das allgemeine Lebensgefühl heute? Etwas ganz anderes?

● Was sagt Jesus über das Ende der Welt (V.40-43)? Wo wäre Ihr Platz, wenn Jesus heute wiederkäme (V.42 oder 43)?

● Wo fordert Sie dieses Gleichnis heraus? Worin hören Sie in diesem Gleichnis einen Anruf Gottes an Sie (V.43)?

 ## Austausch und Gebet
(15 – 30 Minuten)

● Welche Ziele und Erwartungen hatten Sie zu Beginn dieses Kurses? Welche dieser Ziele wurden erfüllt?

● Was waren für Sie Höhepunkte dieser gemeinsamen Zeit? Gab es für Sie unerwartete, hilfreiche Entdeckungen? Etwas, das Sie in besonderer Weise als Geschenk empfinden?

● Was hat Ihnen gut getan?
Was würden Sie gern verbessern, falls Sie als Gruppe zusammenbleiben? Wen könnten Sie noch einladen?

● Was werden Sie vermissen, wenn sich die Gruppe auflösen würde?

● Für welche Anliegen wünschen Sie sich in der nächsten Zeit die (Gebets-)Unterstützung der Gruppe?

Erläuterungen

Überblick und Kontext. Das Gleichnis vom Unkraut im Weizen ist eines von drei Gleichnissen über Wachstum im Reich Gottes. Ihm folgt das Gleichnis vom Senfkorn (13,31-32) und das Gleichnis vom Sauerteig (13,33). Sie alle machen deutlich, daß sich das Reich Gottes ganz gewiß entfalten wird, auch wenn der Wachstumsprozeß nicht immer deutlich zu erkennen ist.

13,24-30. Dieses Gleichnis spricht davon, daß (entgegen der allgemeinen religiösen Vorstellung), das Reich Gottes nicht mit einem großen, alles umstürzenden Ereignis plötzlich und umfassend einsetzt. Im allgemeinen erwartete man einen dramatischen Gerichtsakt, der die Menschheit in zwei Lager teilen würde: die Kinder des Lichts und die Kinder der Finsternis. Nach dem Auftreten Jesu ging das Leben aber weiter wie bisher. Es fand keine Offenbarung Gottes mit apokalyptischen Schrecken statt, kein gewaltiger Krieg vernichtete die Gottlosen, die Gerechten wurden nicht plötzlich von aller Not befreit. Manche Menschen glaubten Jesus und hielten sich an das, was er lehrte, andere nicht – und es machte scheinbar keinen Unterschied. In den Reihen seiner Anhänger gab es ausgesprochen zweifelhafte Charaktere. Wie konnte Jesus überhaupt beanspruchen, ein Botschafter des Reiches Gottes zu sein?
Und doch hat das Reich Gottes in ihm begonnen. Sein ganzer Umfang und seine Erfüllung werden allerdings erst mit dem Tag des Gerichts sichtbar werden. Noch ist das Reich Gottes verborgen, und die Jünger sollten auch nicht versuchen, die Welt von allem zu säubern, was vielleicht nicht zu Gottes Reich gehörte. Diese Aussonderung behält sich Gott selbst vor, wenn er Gericht halten wird. – In den Versen 36-43 erklärt Jesus das Gleichnis.

13,24. Jesus erzählte ein anderes Gleichnis. Bei Matthäus geht das Gleichnis vom Sämann voraus. Beide Gleichnisse benutzen Bilder aus der Landwirtschaft, um etwas über die Ausbreitung des Reiches Gottes deutlich zu machen.

Gottes Reich. Wörtl.: *Reich der Himmel.* Im Bestreben, den Namen Gottes nicht zu mißbrauchen (2Mo 20,7), vermieden es die Juden völlig, auf Gott direkt hinzuweisen. Sie benutzten Umschreibungen wie „der im Himmel ist". Das Himmelreich ist also nur ein anderer Ausdruck für das Reich Gottes. Es ist dabei auch eher an die Herrschaft Gottes gedacht und weniger an einen Bezirk.

Unkraut. Es ist dabei vermutlich an den Lolch gedacht, ein giftiges Unkraut, das bis zur Ausbildung der Ähren nicht vom Getreide zu unterscheiden war. Einem Feind Unkraut ins Feld zu säen, war nicht ungewöhnlich. Man konnte damit die gesamte Ernte vernichten und einen Gegner ruinieren. Diese Tat war im Römischen Recht unter Strafe gestellt.

13,27. Hast du das Feld nicht mit gutem Samen bestellt? Aus landwirtschaftlicher Sicht war die Frage berechtigt. Für die frühchristlichen Leser des Matthäus schwang die Frage mit, warum das Reich Gottes, das Jesus ausgerufen hatte, nicht erfolgreicher und mächtiger war.

13,29. Es war natürlich möglich, das Unkraut in einem frühen Wachstumsstadium auszureißen. Durch seine Ähnlichkeit zum Weizen war die Gefahr allerdings groß, daß auch dieser dezimiert würde. In einem späteren Stadium war es sogar noch schwieriger, die Pflanzen zu trennen, weil sich das Wurzelwerk ineinander verschlang. Der Besitzer des Feldes entschied sich also, vorerst nichts zu tun. Er ging nicht gegen das Unkraut vor und suchte auch keine Rache an seinem Feind. Zur Überraschung der Knechte (und der Zuhörer) ließ er das Unkraut mit dem Weizen aufwachsen.

13,30. Erst mit der Ernte, wenn beide Pflanzen klar zu unterscheiden waren, sollten sie getrennt werden. Das Unkraut sollte verbrannt und das Korn gespeichert werden.

13,36-43. Erkläre uns doch das Gleichnis. Ein Thema des Matthäusevangeliums ist das nahende Gericht Gottes. Wer sich zu Gott gehalten hat, wird gerechtfertigt werden; die Gottlosen erwartet die gerechte Strafe (3,7-12; 7,24-27; 10,23; 11,20-24; 18,7-9; 22,1-14; 24,1-51; 25,31-46). Diese Erwartung war von großer Bedeutung im damaligen Denken und auch später im frühen Christentum. Die Gerichtserwartung mahnte zur Umkehr und zu einem Leben nach den Weisungen Gottes.

13,37. Der Menschensohn. Hierbei handelt es sich um eine Anspielung auf eine himmlische Richtergestalt in Daniel 7,13-14, der Gott die universale Herrschaft über die ganze Welt verleiht. Jesus verwendet diesen Ausdruck häufig und gibt damit seinen Vollmachtsanspruch *indirekt* zu verstehen, weil der Ausdruck zugleich auch *einzelner Mensch* oder einfach ich heißen kann.

13,38. die Welt. Gemeint ist die sichtbare Realität der Welt, in der wir jetzt leben.

Volk des Gottesreiches. Wörtl.: *Söhne des Königreiches.* Ihnen ist das Reich Gottes anvertraut (5,3). Ein Sohn von etwas zu sein, bedeutet, daß man bestimmte Wesenszüge trägt. Das Leben der Söhne des Königreiches stand im Einklang mit den Maßstäben und Werten des Königs dieses Reiches. Entsprechend ist von den Söhnen des Bösen die Rede.

13,39. Die Ernte. Dies ist ein Bildwort für das Gericht Gottes (Jer 2,3; 51,33; Hos 6,11).

das Ende der Welt. Die Endzeitschriften teilten die Geschichte ein in „das gegenwärtige Zeitalter" und „das kommende Zeitalter". Das „gegenwärtige Zeitalter" ist gekennzeichnet durch die Sünde und die Unterdrückung der Gerechten; das „kommende Zeitalter" wird mit einem dramatischen Gerichtsakt Gottes beginnen: Alles Übel wird beseitigt, damit seine Herrschaft des Friedens und der Gerechtigkeit anbrechen kann. – Das Judentum zur Zeit Jesu ging davon aus, daß Gott bis zu diesem Tag untätig blieb und danach für Israel sein Reich aufrichten würde. Jesus betonte, daß das Reich Gottes schon mit seinem ersten Kommen angebrochen sei und bei seinem zweiten Kommen sichtbar würde und über Israel hinaus alle umfaßte, die an ihn glauben.

Engel. An verschiedenen Stellen wird gesagt, daß Gott durch seine Engel das Gericht ausführen läßt (V.41; Dan 7,10; 2Thes 1,7; Offb 15,1; 16,1; 18,1.21).

13,40. verbrannt. Mehrfach wird das Gericht Gottes mit einem reinigenden Feuer verglichen, das alles Böse auf der Welt vernichtet (2Thes 1,8; 2Petr 3,10; Offb 19,20).

13,41. Der Menschensohn ist zugleich der Sämann (V.37), der Erntende und der König des Reiches.

13,42. Heulen und Jammern. Mit diesem stehenden Ausdruck wird das schreckliche Leid derer beschrieben, die Gottes gerechten Zorn erfahren (8,12; 13,50; 22,13; 24,51; 25,30).

13,43. alle, die Gottes Willen tun. Diese sind die Söhne des Königreiches (V.38), die das Wort Gottes gehört und entsprechend gehandelt haben. Obwohl sie zunächst nicht von anderen zu unterscheiden sind (wie der Weizen zwischen dem Unkraut), wird schließlich offenbar, daß sie zu Gott gehören.

leuchten wie die Sonne. Licht wird oft als Bild benutzt, um Heiligkeit zu beschreiben, das positive Gegenteil der Finsternis, die für die Sünde steht (Dan 12,3; 1Joh 1,5).

Hört auf das, was ich euch sage. Auch dies ist eine stehende Redewendung, mit der Jesus seine Hörer zum Nachdenken auffordert: Was ist wirklich gemeint? Welche Konsequenzen folgen daraus? Wie wirst du auf diese Wahrheit reagieren? Die schlimmste Lage, in die jemand kommen kann, ist die, daß er die Rede Jesu hört, aber nicht reagiert.

Literaturhinweise:

Bücher für das Bibelstudium

Nachschlagewerke, Lexika, Einführungsliteratur:
Alexander, David, Handbuch zur Bibel, Wuppertal 1991.
Alexander, Pat, Kleines Lexikon zur Bibel, Wuppertal, 2. Auflage 1990.
dies./Masom, Caroline, Großer Bildführer zur Bibel, Gießen, 4. Auflage 1987.
Batchelor, Mary, Faszinierende Welt der Bibel, Gießen 1995.
Blunck, Jürgen, Bausteine für die Bibelarbeit,
Bd.1: Matthäus bis Johannes, Gießen, 2. Auflage 1992.
Bd.2: Apostelgeschichte bis Offenbarung, Gießen, 2. Auflage 1993.
Bd. 3: Altes Testament, Gießen 1993.
Burkhardt, Helmut u.a. (Hg.), Das große Bibellexikon, Gießen/Wuppertal 1987;
Taschenbuchausgabe 1996.
ders. (Hg.), Der neue Bibelatlas, Wupptertal/Gießen 1992.
Dowley, Tim, Brunnen-Bibelatlas, Gießen, 2. Auflage 1993.
Drane, John, Jesus. Sein Leben, seine Worte, seine Zeit, Gießen 1994.
Drechsel, Joachim u.a. (Hg.), Brunnen-Bibellexikon, Gießen 1995.
Grabner-Haide, Anton (Hg.), Praktisches Bibellexikon, Freiburg 1994.
Henning, Kurt, Jerusalemer Bibellexikon, Neuhausen-Stuttgart 1990.
Millard, Allan, Schätze aus biblischer Zeit, Gießen, 3. Auflage 1991.
ders., Die Zeit der ersten Christen, Gießen 1990.
Thompson, J.A., Hirten, Händler und Propheten, Die lebendige Welt der Bibel,
Gießen 1992.
Travis, Stephen, Das Altes Testament lesen und verstehen. Brunnen Basic Line,
Gießen 1995.
ders., Das Neue Testament lesen und verstehen. Brunnen Basic Line, Gießen 1995.
Wright, Chris/Steinseifer, Wolfgang, Kein Buch wie jedes andere.
Die Bibel lesen und verstehen. Gießen 1996.

Kommentierte Bibelausgaben:
Bruns, Hans, Die Bibel mit Erklärungen. Gießen, 11. Auflage 1993.
Neue Jerusalemer Bibel. Neues Testament und Psalmen, Freiburg, 6. Auflage 1992.
Stuttgarter Erklärungsbibel. Die Heilige Schrift nach der Übersetzung Martin Luthers mit
Einführungen und Erläuterungen. Stuttgart 1992.
Wuppertaler Studienbibel. Neues Testament. 21 Bde., Wuppertal 1994.

Zu den Gleichnissen:
Jeremias, Joachim, Die Gleichnisse Jesu. Göttingen, 10. Auflage 1988.
Thielicke, Helmut, Das Bilderbuch Gottes. Reden über die Gleichnisse Jesu.
Stuttgart, 7. Auflage 1995.
Imbach, Josef, Und lehrte sie in Bildern. Gleichnisse für unsere Zeit. Würzburg 1995.

SERENDIPITY – ein zukunftsweisendes Instrument für den Gemeindeaufbau

Natürlich können Sie Serendipity-Kurshefte im Rahmen bestehender Hauskreise und Gesprächsgruppen einsetzen. Damit haben Sie aber nur einen Teil des Potentials ausgeschöpft. SERENDIPITY bietet Ihnen ein Konzept, in dem eine bedürfnisorientierte, zielgruppengerechte Kleingruppenarbeit zum tragenden Baustein einer einladenden, beziehungsorientierten Gemeindearbeit wird.

Deshalb bietet der **Arbeitskreis** SERENDIPITY in Deutschland, Österreich und der Schweiz ein **Schulungsprogramm** an, das Ihnen Gelegenheit gibt, dieses Konzept kennenzulernen und selbst erste Erfahrungen damit zu machen.

Unser Angebot:

1. Informations- und Schulungstage für Gemeindeleiter, Pfarrer, Verantwortliche für Kleingruppenarbeit und alle Interessierten, die

✓ die Kleingruppenarbeit ihrer Gemeinde aufwerten und erweitern möchten
✓ Wege suchen, Außenstehenden einladend und menschlich überzeugend zu begegnen
✓ ihr Kleingruppenangebot an den Bedürfnissen der Menschen orientieren möchten
✓ ihre Kleingruppenleiter wirksam unterstützen möchten.

Inhalte (in Auswahl):

❑ Warum Kleingruppen entscheidend sind für eine gesunde Gemeindeentwicklung
❑ Was ein Kleingruppennetz zur missionarischen Wirksamkeit beitragen kann
❑ Wie können Kleingruppen in die Gesamtrichtung der Gemeindearbeit integriert werden?
❑ Wie können bestehende Hauskreise belebt werden?
❑ Impulse für die Umsetzung in die eigene Situation
❑ Wie kann das Serendipity-Material gewinnbringend eingesetzt werden?

2. Schulungen für Kleingruppenleiter, geeignet für Leiter von Hauskreisen oder Gesprächsgruppen und solche, die es werden möchten.

Inhalte (in Auswahl):

❑ Was nötig ist, damit Gemeinschaft entsteht
❑ Wie Bibelgespräche so einfach werden, daß jeder mitreden kann
❑ Wie eine Gruppe auf Kurs bleibt
❑ Lebenszyklus: die Eigendynamik einer Gruppe

Was Sie erwartet: ✓ Gruppengespräche ✓ Kurzreferate ✓ Fragen ✓ Austausch ✓ Smalltalk in den Pausen ✓ die Gelegenheit, selbst Erfahrungen mit Serendipity zu machen

3. Gemeindeberatung: Gern kommen wir auch zu Ihnen und beraten Sie gezielt im Blick auf die Situation in Ihrer Gemeinde.

Wenn Sie sich über die einzelnen Angebote weiter informieren möchten, wenden Sie sich bitte an: **Arbeitskreis** SERENDIPITY

Deutschland:		**Österreich:**	**Schweiz:**
			Bibellesebund
Am unteren Rain 2	Husumer Str. 10	Mitterweg 4	Flugplatzstr. 5
35394 Gießen	27777 Ganderkesee	4522 Sierning	8404 Winterthur
Tel. 06 41 - 97 51 80	Tel. 0 42 21 - 40 97 8	Tel. 072 59 28 72	Tel. 052 245 14 45
Fax 06 41 - 97 51 840	Fax 0 42 21 - 40 88 5	Fax 072 59 28 72 4	Fax 052 245 14 46